MARTINA ROSENBERG

Mutter, wann stirbst du endlich?

Buch

Als ihre Mutter an Demenz erkrankt, beginnt für Martina Rosenberg ein Albtraum, der Jahre andauern wird. Hilflos muss sie dabei zusehen, wie sich die Persönlichkeit ihrer geduldigen, liebenswürdigen Mutter immer mehr verändert, wie aus der Frau, die sie kannte, ein Pflegefall wird. Der Vater erleidet einen Schlaganfall und verbittert zusehends. Martina Rosenberg übernimmt die Verantwortung und Organisation des elterlichen Lebens. Sie will helfen und alles richtig machen – und zerbricht darüber beinahe selbst an der Belastung.

Ihre Erfahrungen sind kein Einzelfall. Immer mehr Familien müssen Ähnliches erleben. Dieses Buch ist ein dramatischer Denkanstoß für Politik und Gesellschaft, die Bedürfnisse der pflegenden Angehörigen nicht länger zu ignorieren und sie mit der Verantwortung nicht länger alleinzulassen.

»Nie wurde ehrlicher geschrieben über
eines der zentralen Lebensprobleme.« Focus

Autorin

Martina Rosenberg wurde 1963 am Ammersee geboren als jüngstes von drei Kindern und einzige Tochter. Nach einem längeren Auslandsaufenthalt kehrte sie mit ihrer Familie nach Deutschland und in ihr Elternhaus zurück. Sie absolvierte ein BWL-Studium mit Fachrichtung Marketing und arbeitete über sieben Jahre lang als Referentin für Öffentlichkeitsarbeit für das Rote Kreuz. In dieser Zeit schloss sie ein Fernstudium als Journalistin ab. Martina Rosenberg lebt mit ihrem Mann, der gemeinsamen Tochter und ihrem Hund südlich von München.

Von Martina Rosenberg außerdem bei Blanvalet

Anklage: Sterbehilfe. Machen unsere Gesetze Angehörige zu Tätern?
(geb. Ausgabe, 0502)

Martina Rosenberg

Mutter,
wann stirbst du endlich?

Wenn die Pflege der kranken Eltern
zur Zerreißprobe wird

blanvalet

Verlagsgruppe Random House FSC® N001967
Das für dieses Buch verwendete FSC®-zertifizierte Papier
Holmen Book Cream liefert Holmen Paper, Hallstavik, Schweden.

2. Auflage
Taschenbuchausgabe Dezember 2014 bei Blanvalet, München,
in der Verlagsgruppe Random House GmbH
Copyright © 2014 by Verlagsgruppe Random House GmbH, München
Umschlaggestaltung: www.buerosued.de
Redaktion: Margit von Cossart
wr · Herstellung: sam
Satz: Uhl + Massopust, Aalen
Druck und Einband: GGP Media GmbH, Pößneck
Printed in Germany
ISBN: 978-3-442-38142-5

www.blanvalet.de

Für Alina

Verantwortlich ist man nicht nur für das, was man tut,
sondern auch für das, was man nicht tut.

Laotse

Inhalt

4. Anfang 2007

5. Mitte bis Ende 2007

6. 2008–2009

7. 2010

Epilog 247

Prolog

Um es gleich vorwegzunehmen: Dieses Buch war keine Therapie für mich. Das Gegenteil ist der Fall. Über das Zusammenleben mit meinen pflegebedürftigen Eltern zu schreiben hat mich viel Kraft gekostet, denn Dinge, die bereits verarbeitet waren, kamen wieder an die Oberfläche, um erneut zu verletzen. Eigentlich hätten meine Erinnerungen gern in der Kiste der Vergangenheitserlebnisse bleiben können.

Dennoch habe ich gemeinsam mit meiner Familie entschieden, meine Geschichte aufzuschreiben. Sie soll Anstoß zum Nachdenken geben. Ich möchte aufzeigen, wie aus der wunderbaren Idee eines Mehrgenerationenhauses ein Albtraum werden kann. Ich möchte all denen, die Ähnliches erleben oder erlebt haben, eine Stimme geben. Ich möchte verdeutlichen, wie es sich anfühlt, wenn man über einen langen Zeitraum unter hoher psychischer Belastung steht. Oft sind es nicht die großen Dinge, die kaputtmachen, sondern die kleinen Ereignisse, die sich ständig wiederholen – jeden Tag, jede Woche, jeden Monat über Jahre hinweg. Und natürlich das Wissen um die Aussichtslosigkeit der Situation derer, die gepflegt werden. Um die Trostlosigkeit ihres Alltags, vor der man sich selbst irgendwann zu fürchten beginnt.

In einer Zeit, in der wir Menschen mit Verpflichtungen, Terminen und Aufgaben durch den Tag getrieben werden, können Kinder nicht mehr das für ihre Eltern leisten, was sie fünfzig Jahre zuvor noch hätten leisten können – ihre Pflege zu übernehmen, ist schier unmöglich. Doch die Politik versucht, indem sie Gesetze schafft, mittels derer wir uns beispielsweise eine berufliche Auszeit für die Pflege nehmen können (oder müssen?), genau das zu erreichen. Natürlich auf eigene Kosten.

Noch viel wichtiger ist mir allerdings, mit diesem Buch zu vermitteln, dass Alt und Jung mehr miteinander sprechen müssen. Immer wieder erlebe ich in meinem Umfeld, dass Kinder sich nicht trauen, mit ihren Eltern über deren Altwerden zu reden. Diese hingegen verschließen sich oftmals dem Thema gegenüber und wollen keine Hilfen oder Ratschläge annehmen. Sie vergessen dabei, dass ihre Kinder ein Teil ihres Altwerdens sind. Es ist unbedingt wichtig, miteinander zu kommunizieren und Klarheit zu schaffen: Wer möchte oder kann die Aufgabe der Pflege übernehmen? Kommt der Umzug in ein Heim infrage? Welche Alternative gibt es? Welcher der Angehörigen ist bereit, die Verantwortung auf sich zu nehmen?

Letztendlich kann niemand, der es nicht selbst erlebt hat, ermessen, wie belastend so eine Pflegesituation für die Angehörigen sein kann. Fehlende Anerkennung, geringe Wertschätzung und die Ahnungslosigkeit der oft viel zu jungen Verantwortlichen in der Politik waren Grund genug, meine Geschichte aufzuschreiben. Sie soll exemplarisch für die vielen anderen tausend traurigen Geschichten im Land stehen.

Kapitel 1

2000-2003

Abschied

Die Lichter im Hafen von Heraklion werden immer kleiner. Ich stehe mit meinem Mann und unserer vierjährigen Tochter an der Reling des Schiffes. Wir starren auf die immer winziger werdende Insel Kreta. Aus dem Lautsprecher hinter uns quäkt eine Stimme: *»Welcome on board ...«* In der warmen Abendluft vermischt sich intensiver Dieselgestank mit dem Geruch von Oregano und Pommes frites aus dem Selfservice nebenan. Stampfende Motorengeräusche im Hintergrund und die blechern klingende Sirtaki-Musik aus dem Lautsprecher machen eine Unterhaltung zwischen Jens und mir unmöglich. So hängen wir zu dritt unseren Gedanken nach.

Wir sind froh, endlich nach Deutschland zurückzukommen. Das Auto ist vollgepackt mit unseren Sachen, der Hund hätte fast nicht mehr hineingepasst. Er musste sich auf die Rückbank quetschen, er sieht ganz unglücklich aus.

»Mama!«, ruft Lena aufgeregt und zeigt auf die anderen Schiffe im Hafen.

Das zweite Schiff folgt uns mit einigem Abstand. Es läuft gerade aus dem Hafen aus und zieht eine riesige Rauchwolke hinter sich her. Lena hüpft vergnügt hin und her und unser Hund mit ihr. Sugar ist eine kretische Mischung aus Dobermann und Schäferhund, mit viel Temperament und viel Bellpotenzial.

»Feuer!«, schreit Lena auf einmal panisch.

Sie missversteht die Rauchsäule und sucht eine Erklärung. Um die Situation etwas zu entspannen, nimmt Jens den Hund an die Leine und geht mit ihm auf das Oberdeck, während ich mich mit Lena in das Innere des Schiffes begebe, wo es etwas ruhiger ist.

»Nein«, tröste ich sie, »das ist nur der Dieselmotor des Schiffes, der eine Menge Rauch ausstößt. Mach dir keine Sorgen.«

So schnell sie sich aufregt, beruhigt sie sich auch wieder. Später schläft sie vor Erschöpfung auf zwei zusammengestellten Stühlen ein.

Hinter uns liegen zwölf Jahre Kreta. Die finanzielle Stabilität, die ein Paar, besonders wenn das erste Kind da ist, braucht, kann Griechenland uns nicht mehr bieten. Die letzten Jahre waren turbulent. Wir wussten nie, ob wir am kommenden Tag vielleicht pleite sein würden und unsere Rechnungen nicht mehr zahlen könnten. Damit wird jetzt Schluss sein. Jens und ich wollen zurück nach Deutschland und eine stabile Zukunft für unsere kleine Familie aufbauen.

Die Entscheidung

Im Winter zuvor war die Entscheidung gefallen. Wir saßen mit meinen Eltern bei einem Glas Wein in deren Wohnzimmer und erzählten Geschichten aus Kreta. Auch, dass wir einen Umzug nach Süddeutschland planen.

»Na dann«, meinte meine Mutter. »Wenn ihr möchtet, könnt ihr in die Wohnung in den ersten Stock ziehen. Dein Bruder will ausziehen, er hat vor zu bauen.«

Verschmitzt schaute sie zu meinem Vater hinüber, der wie unbeteiligt in sein Weinglas grinste. Jens und ich waren überrascht. Die Wohnung würde frei! Was für ein Zufall.

»Wie hoch soll denn die Miete sein?«, wagte ich zu fragen.

»Nun, wir finden eine faire Lösung«, sagte meine Mutter.

Später am Abend, wir saßen allein in der Dachgeschosswohnung, diskutierten wir das Angebot. Ich schaute durch die Balkontür auf die Lichter am gegenüberliegenden Ufer des Sees. Sollten wir tatsächlich in das Haus einziehen, in dem ich groß geworden war?

»Ich bin mir nicht sicher, ob es klappen wird mit meinen Eltern«, begann ich.

»Ich habe meinerseits keine Bedenken«, konterte Jens. »Aber letztendlich bist du diejenige, die entscheiden muss, ob sie hier langfristig wieder wohnen will.«

Die ganze Nacht lag ich wach, und meine Gedanken kreisten um diese eine Sache. Meine Freiheit in Kreta habe ich genossen, dennoch haben mich die Großfamilien in Kreta beeindruckt. Ich dachte an meine griechischen Freunde. Viele von ihnen wohnten mit den Eltern, Großeltern und Kindern in einem Haus. Das Modell des Mehrgenerationenhaushalts unter einem Dach funktionierte gut in Griechenland. Jede fünfte Familie lebte dort mit mindestens zwei Generationen unter einem Dach.

Beim Frühstück konfrontierte ich Jens mit meinen

Überlegungen: »Eine Zweckgemeinschaft mit meinen Eltern kann ich mir schon vorstellen. Wir helfen uns gegenseitig und profitieren beide davon. Das könnte mir gefallen. Ich denke, wir werden uns vertragen.«

Er strich gerade das Marmeladenbrötchen für Lena, die ihn dabei aufmerksam beobachtete.

»Wir übernehmen die Wohnung und sehen dann, ob es uns gefällt und ob wir mit der Situation zurechtkommen«, sagte Jens. »Es muss ja nicht für immer sein.«

Selbstverständlich musste nichts für die Ewigkeit sein. Da waren wir uns schon immer einig gewesen. Und eine Großfamilie könnte auch in Deutschland funktionieren. Bisher lebte hier nur etwa eine von hundert Familien auf diese Art zusammen, wir waren uns schnell einig, dass wir diese Quote erhöhen wollten. Noch am Frühstückstisch trafen wir unsere Entscheidung gemeinsam mit unserer Tochter, die wie erwartet begeistert auf die Nachricht reagierte, obwohl sie in ihrem Alter die Tragweite kaum begreifen konnte. Im November war Ende der Saison in Griechenland, die meisten Hotels schlossen, und wir könnten zurück nach Deutschland und die Wohnung übernehmen.

Hastig trank ich meinen Kaffee aus, ich wollte nicht mehr warten, es meinen Eltern mitzuteilen.

»Ich geh mal runter und sag ihnen Bescheid«, rief ich Jens zu und war schon weg.

»Das ist ja prima!« Meine Mutter wirkte erleichtert. »Da freue ich mich wirklich.«

Plötzlich ging mir ein Gedanke durch den Kopf: Was wäre gewesen, wenn wir Nein gesagt hätten? Hätte ich das überhaupt gewagt? Ein Mieter wäre laut meiner Eltern überhaupt nicht infrage gekommen!

»Was hättet ihr denn eigentlich gemacht, wenn wir die Wohnung nicht übernommen hätten?«, fragte ich dann doch.

»Och«, gab meine Mutter zurück, »da will ich gar nicht drüber nachdenken.« Geschäftig bearbeitete sie mit dem Trockentuch das Geschirr.

»Wir hätten das Haus verkauft!«, rief mein Vater und grinste mal wieder.

Er saß im Esszimmer und las Zeitung. Ich habe immer den Eindruck, er hört gar nicht zu, aber völlig unerwartet kommt dann ein bissiger Kommentar von ihm.

»Das wäre tatsächlich auch eine Möglichkeit«, konterte ich frech. »Aber das könnt ihr ja dann immer noch machen, falls wir wieder ausziehen sollten.«

Meine Mutter verzog das Gesicht. »Nur über meine Leiche«, schimpfte sie. Sie wollte sich ganz offensichtlich nicht die Laune von uns verderben lassen und hantierte weiter mit ihrem Geschirr.

Ich setzte mich zu meinem Vater und hoffte auf ein persönliches Gespräch. »Was sagst du denn dazu? Gefällt dir die Idee auch?«

Er blickte mich an und wirkte leicht irritiert. Vor ihm stand, wie jeden Morgen, seine zweite Tasse Kaffee mit einem Schuss Milch und Süßstoff. Sein Blick sprach für sich: Direkte Fragen mochte er nicht. Dinge wie diese klärte immer seine Frau für ihn. Überhaupt mochte er persönliche Gespräche nicht gern, zumindest mit mir und meinen Geschwistern nicht. Um sich seine Verlegenheit nicht anmerken zu lassen, lachte er gern mal am falschen Platz, wo es eigentlich nichts zu lachen gab. Es hatte sich in den letzten fünfunddreißig Jahren nichts geändert. Der

Dialog mit seinen Kindern fiel ihm immer noch schwer. Vor allem, wenn es um etwas Persönliches ging.

»Deine Mutter hat dir doch schon gesagt, dass es eine prima Idee ist, oder?« Und wie eh und je unterbrach er die Konversation mit einer blöden Bemerkung: »Es sind mir dann zwar fast etwas zu viele Frauen im Haus, aber ich muss das wohl aushalten. Haha!«

Sein Lachen lenkte die Aufmerksamkeit meiner Mutter auf uns. Sie kam aus der Küche und fragte: »Was ist denn hier los? Was gibt's denn da zu lachen?«

»Nichts«, sagte ich und ging grübelnd wieder nach oben.

Es war immer dasselbe mit ihm. Ich kam einfach nicht an ihn ran. Dabei hätte er doch ganz normal antworten können. Mein Vater war und blieb der Macho in der Familie. Meine Mutter gehörte zu der Generation, in der die Frauen dem Mann hundertprozentig den Rücken freihielten. Sie kümmerte sich um die Kinder und deren Erziehung, das Haus, die Finanzen und alles, was zum Leben einer Familie mit drei Kindern dazugehörte. Mein Vater kümmerte sich ausschließlich um seine Arbeit. Immerhin war er Schulleiter und hatte viel zu tun. Wenn er, gestresst von der Schule, am Mittagstisch saß, mussten alle mucksmäuschenstill sein.

Jens und Lena waren mit dem Hund in den Garten gegangen. Draußen lag Schnee, und die beiden hatten sich den Schlitten geholt. Sugar hatte die Aufgabe, den Schlitten zu ziehen, während Lena quietschend versuchte, sich darauf festzuhalten. Mein Blick ruhte auf dem Garten, in dem ich groß geworden war, und ich erinnerte mich an ein Ereignis, das bezeichnend war für die angespannte

Atmosphäre zu Hause: Meine Eltern und ich aßen zu Mittag, ohne zu sprechen. Ich verursachte versehentlich mit meiner Gabel auf dem Teller ein hässliches Quietschgeräusch, was dazu führte, dass mein Vater aufstand, wutentbrannt die Serviette auf den Tisch warf und davonrauschte. Zurück blieben meine etwas überraschte und um Verständnis heischende Mutter und ich als völlig schockierte Tochter.

Seine Nerven lagen viele Male blank, wenn er von der Schule kam. Meine Mutter versuchte dies immer auszugleichen. Sie warnte uns Kinder schon oft vor der Heimkehr des Vaters mit den Worten: »Seid bitte rücksichtsvoll und plappert nicht gleich los. Vati hatte einen anstrengenden Vormittag und braucht Ruhe.«

Das sah dann eben so aus, dass er wortlos zu Mittag aß und sich im Anschluss in sein Zimmer zurückzog. Frühzeitig wurde mir klar: Der Beruf Lehrer muss wahnsinnig stressig sein. Lehrerin werde ich bestimmt nicht, obwohl meine Mutter immer betonte, dass nicht die Kinder das Problem seien, sondern die Eltern.

Ja, Vati brauchte Ruhe. Solche Sätze wurden oft bei uns gesprochen. Ich war mir nicht ganz sicher, ob es immer noch so war. Mein Vater war mittlerweile pensioniert und sollte längst nicht mehr so gestresst sein. Ganz bestimmt läuft es anders, wenn wir herziehen, beruhigte ich mich. Er hat seine Launen jetzt sicher besser im Griff.

Um meinen Mann nicht zu verunsichern, behielt ich diese Gedanken erst einmal für mich.

Mehrgenerationenhaus

Den ersten Schnee sehen wir am Brennerpass. Gerade noch standen wir in kurzen Hosen auf dem Schiff, jetzt frieren wir am offenen Fenster an der Mautstelle. Die Surfbretter stapeln sich auf dem Dach, das Fahrrad ist daneben festgezurrt, der Hund auf der Rückbank eingeklemmt. So erreichen wir gegen Abend endlich unser Zuhause. Vermutlich stand mein Vater schon länger hinter dem Küchenfenster, denn kaum fahren wir auf den Hof, geht die Haustür auf, und er steht mit einer Flasche Sekt da.

»Hallihallo!«, ruft er fröhlich und schwenkt die Flasche.

Hinter ihm kommt meine Mutter aus der Tür gelaufen und winkt. Sie haben auf uns gewartet und scheinen überglücklich, dass wir endlich da sind. Ein warmes Gefühl macht sich in meinem Bauch breit. Jetzt bin ich mir sicher: Wir haben es ganz bestimmt richtig gemacht. Viele Abende hatten Jens und ich über unsere Pläne geredet und waren uns einig: Was gibt es für ein Kind Schöneres, als mit den Großeltern aufzuwachsen? Wann immer die Kleine Lust und Laune haben sollte, würde sie nach unten gehen und Oma und Opa einen Besuch abstatten können. Auch für uns Eltern stellte sich diese Situation als recht praktisch dar. Das Babyfon würde des Öfteren ins Wohnzimmer der Großeltern wandern und wir uns freier bewegen können. Eine insgesamt sehr angenehme Wohnsituation für alle Beteiligten. Hätte ich damals schon geahnt, was uns Jahre später erwarten würde, dann wäre ich sicher mit Sack und Pack ans andere Ende der Welt verschwunden.

Ich springe aus dem Auto und umarme meine Eltern. »Na, wie war die Fahrt?«, fragt meine Mutter.

Zu einer Antwort kommt es nicht, denn im Auto legt unsere Tochter mit einem Wutgeheul los. Ich hatte ganz vergessen, sie abzuschnallen. Eiligst öffne ich ihr die Tür und befreie sie vom Gurt des Kindersitzes. Lena schießt auf ihre Großeltern zu und wirft sie dabei fast um. Meine Mutter strauchelt und hält sich gerade noch am Türrahmen fest.

»Ui! Du bist aber stürmisch!«, keucht sie.

Die ganze Fahrt über hat Lena von ihren Großeltern geredet, überlegt, ob sie wohl Geschenke haben würden, gefragt, wie alt sie jetzt seien und was sie uns zum Essen hergerichtet hätten. Jetzt plappert sie auf ihre Oma ein, die aber nichts begreift, weil Lena viel zu schnell redet.

»Langsam. Ich verstehe kein Wort von dem, was du da sagst«, beschwert sie sich.

Lena rennt in die Wohnung ihrer Großeltern, die sich bemühen, ihr hinterherzukommen. Wir nutzen den Augenblick der Ruhe, um das Gepäck nach oben zu bringen und mit Sugar eine kleine Runde spazieren zu gehen. Vor dem Haus wieder angekommen, nimmt mein Mann mich in den Arm: »Na? Schön, wieder hier zu sein, oder? Deine Eltern sehen recht glücklich aus«, meint er.

Das ist mir auch aufgefallen. Ja, es bestätigt mich in unserer einst getroffenen Entscheidung. Meine Eltern sind mittlerweile Ende siebzig und ihre Nerven nicht mehr die besten. Trotzdem sind beide vielseitig engagiert, wie ich später bei einem Glas Wein erfahre.

»Dein Vater ist immer noch Schulweghelfer«, erzählt meine Mutter stolz. »Jeden Morgen steht er früh auf und geht bei Wind und Wetter an die Kreuzung im Dorf.« Er selbst verzieht die Mundwinkel nach oben, es sieht wie ein gequältes Lachen aus. »Bei Eis und Schnee steht er an der Kreuzung und winkt die Kinder über die Straße«, berichtet meine Mutter stolz.

Schon in den Jahren, in denen wir noch auf Kreta waren, engagierte er sich in verschiedenen Vereinen sowie in seiner Heimatgemeinde. Als pensionierter Rektor ist die intellektuelle Herausforderung für ihn ein tägliches Muss.

Jetzt meldet sich auch mein Vater zu Wort: »Ich finde ja, jeder, der gesund ist und seine Pension genießt, kann ein wenig Zeit einbringen. Für mich ist das selbstverständlich.«

So wie er uns die Worte entgegenschleudert, wirkt er etwas zornig.

»Was ärgert dich denn?«, frage ich neugierig.

»Mich ärgert, dass wir immer weniger werden. Nur noch der Sepp und ich. Deswegen muss ich jetzt so oft raus. Von den anderen Großeltern hat keiner mehr Zeit. Die reisen lieber in der Welt herum«, wettert er.

»Hm, vielleicht hat sie ja keiner gefragt?«, versucht meine Mutter zu beschwichtigen.

»Ha, ha! Extra Einladung, oder was?«, donnert er zurück.

Ich würde das gern weiterdiskutieren, aber meine Mutter sieht das anders. Für sie ist es an der Zeit, das Thema zu wechseln. Sie macht dies wie immer sehr gekonnt. Überhaupt ist das Beschwichtigen seit jeher ihre Hauptrolle in unserer Familie. Immer wenn es bei meinem Vater brenzlig wird, greift sie ein und gleicht die aufkommende Disharmonie mit ihrer liebenswerten Art aus. Ein Spruch, ein Witz oder ein rascher Themenwechsel sind ihre Stärke.

»Weißt du noch, als Vati euch auf Kreta besucht hat?«, fragt sie nun schnell.

Und schon sind wir bei einem völlig anderen Thema. Wir steigen gern darauf ein.

»Freilich weiß ich das noch«, antworte ich und muss lachen.

Mein Vater lacht mit, denn wir beide denken an seine Ankunft auf Santorini. Er landete dort unerwartet – und nicht wie geplant auf Kreta. Ich hatte eine wunderbare Zeit mit ihm. Gemeinsam besuchten wir abends meine Lieblingstavernen, machten Ausflüge in die Berge oder er kam einfach mit zum Strand und sah mir beim Surfen zu.

»Was war denn da so lustig?«, fragt meine Mutter erstaunt.

»Ja, weißt du das nicht mehr?« Mein Vater wirkt verblüfft. Er sieht sie fragend an und kneift die Augen zusammen. »Auf Santorini mussten wir landen wegen Bombenalarm. Ich hab genau gesehen, wie unsere Maschine ans Ende des Rollfelds gefahren ist und dort gehalten hat. Kein Mensch weit und breit. Das Flugzeug hat sich nicht mehr bewegt. Es sah so aus, als ob sich alle Griechen am Flughafen versteckt hätten. Ich hab mich gefragt, wo die wohl alle sind.«

Jens und ich hatten damals gelacht, bis uns die Tränen in den Augen standen. Bombenalarm, und das Flughafenpersonal nahm Reißaus! Das ist die Lieblingsgeschichte meines Vaters. Wenn er sie erzählt, macht er immer vor, wie die griechischen Angestellten geduckt am Flugzeug vorbeiliefen. Keiner kam auf die Idee, die Passagiere zu retten.

Meine Mutter lacht nun herzlich mit, als höre sie das

zum ersten Mal. »Davon hast du nie etwas erzählt«, sagt sie zu meinem Vater. Sie runzelt die Stirn und sieht ihn belustigt an.

»Blödsinn. Wir haben doch letzten Sommer den ganzen Abend darüber gelacht. Die Fotos dazu hast du dir doch noch angesehen.« Er schüttelt den Kopf und sieht seine Frau ungläubig an.

»Das war das erste Mal, dass du ohne deine Frau unterwegs warst, und schon bist du mitten in eine Katastrophe geraten«, sage ich zu ihm. »Was sind die Männer nur ohne ihre Frauen?«

Ohne meine Mutter ist er normalerweise nie verreist. Der Urlaub bei uns war eine riesige Ausnahme. Das hat mich damals sehr stolz gemacht und ganz besonders gefreut. Wie fast alle Mädchen habe ich meinen Vater vergöttert. In meiner Kindheit hat er sich sehr rar gemacht, was dazu führte, dass ich mich über jede noch so kleine Aufmerksamkeit seinerseits freute.

An diesem Abend kreisen meine Gedanken um die Beziehung meiner Eltern. Es hat sich nichts verändert in den letzten Jahren. Komisch, dass mir das nie aufgefallen ist. Meine Mutter hat immer Verständnis für die Launen der anderen. Meiner Meinung nach viel zu viel Verständnis für alles und jeden. Um die Männer in unserer Familie wird viel zu viel Aufhebens gemacht. Sie scheinen besondere Rechte zu besitzen: muffelig sein zu dürfen oder wortkarg, schlecht gelaunt und empfindlich. Meine Mutter hat immer für alles eine Ausrede. Die Palette der Ausreden kann sich sehen lassen: schlecht geschlafen, viel Arbeit, Erkältung im Anflug, zu viele Einladungen oder das ständig klingelnde Telefon.

Ich selbst sah das schon sehr früh völlig anders, was mir öfter mal Ärger mit meinen beiden Brüdern oder mit meinem Vater einbrachte. Für mich stand damals schon fest: So wie meine Mutter werde ich nicht! Mit mir wird's die Welt schwerer haben. Ich bevorzuge den direkten Weg der Kommunikation und sage öfter mal, was mir nicht gefällt. Eine Eigenschaft, die meinem Vater und mir später sehr zu schaffen machen sollte.

Nach drei Monaten in Deutschland haben wir Gewissheit: Beruflich gesehen gibt es ein Problem.

Auf Kreta hatten wir eine Personalvermittlungsagentur, die die Teams vor Ort betreute. Im Winter vor unserer Rückkehr nach Deutschland hatten wir ein spannendes Angebot von einem großen Klubhotel auf Kreta erhalten. Wir sollten die gesamte Crew mit rund zwanzig Mitarbeitern engagieren. Unsere Hauptaufgabe würde die Vermittlung, Betreuung und Ausbildung von Mitarbeitern im Bereich Sport und Entertainment sein.

Die Anlage war uns gut bekannt und hatte einen sehr guten Ruf. Schwierig jedoch erschien es mir, dem Hotel zu erklären, dass wir mittlerweile nach Deutschland übergesiedelt waren und nicht mehr wie zuvor in Kreta lebten. Von Deutschland aus würden wir nur noch das Personal an die Hotels vermitteln können. Ob die Griechen das allerdings akzeptierten, wussten wir noch nicht.

Heute haben wir Gewissheit: Die griechischen Hoteliers reagieren mit Ablehnung auf unser geändertes Konzept. Die Aufträge für die kommende Saison laufen schlecht, und ich fange an, mir Sorgen zu machen. Es ist mittlerweile Mitte Dezember, und wir haben noch keinen Vertrag.

»Jens, wir müssen uns was einfallen lassen. Wir können nicht so lange warten, bis wir pleite sind. Lass uns etwas unternehmen«, bitte ich ihn.

Die Idee dazu habe ich schon in der Tasche. Ein mobiles Computerschulungscenter mit speziellen EDV-Kursen soll uns retten. Die nötige Kompetenz bringe ich mit. Denn seit Beginn meines Auslandsaufenthalts in Griechenland bin ich stets im November nach Deutschland gekommen, um bis März den ein oder anderen Job als EDV-Dozent bei diversen Schulungsträgern zu machen. Das Geld, das wir auf Kreta verdienen, reicht nicht über den Winter.

»Du hast recht. Unsere Geschäfte laufen nicht so gut. Aber wie soll das gehen mit Lena?«, gibt er zu bedenken.

»Timesharing ist das Zauberwort«, grinse ich. »Wir teilen uns die Arbeitszeit. Während ich die Kurse gebe, passt du auf Lena auf, und wenn du weg bist, übernehme ich das.«

Theoretisch klingt das gut, ob es praktisch auch so gut funktioniert? Den ganzen Abend diskutieren wir darüber und wägen ab. Spätnachts fällt die Entscheidung: Wir packen es an. Der Job als EDV-Dozent macht mir Spaß, und ich freue mich auf die neue Herausforderung.

Von meinen beruflichen Fähigkeiten profitiert auch mein Vater, obwohl das meine Nerven manchmal aufs Äußerste strapaziert. Für ihn ist es ganz wichtig, technisch immer auf dem neuesten Stand zu bleiben. Er liest sämtliche Fachmagazine und kennt die neuesten Geräte. So ist es verständlich, dass er trotz seines Alters auf einem Internetanschluss an seinem PC besteht. Schnell erkennt er, dass im Internet massenweise Informationen bereitstehen, die es nur noch abzurufen gilt. Ich bewundere seine Eigenschaft, sich stets für neue technische Errungenschaften zu begeistern. Nie fühlt er sich zu alt für etwas. Alles kann man lernen, so seine Devise. Manchmal jedoch stresst er mich damit. Denn als sein Ansprechpartner in Sachen EDV muss ich fast täglich angeblich verloren gegangene Dateien suchen oder mich des Papierstaus im Drucker annehmen.

»Martina!«, schallt es durch das Treppenhaus. »Hallo! Bist du da?«

Auweia! Wenn diese Stimme aus dem Keller in den ersten Stock dringt, weiß ich, was auf mich zukommt.

»Jaaaaa!«, rufe ich von oben hinunter und eile zu meinem Vater.

»Ehrlich, ich hab nichts gemacht«, sagt er ganz aufgeregt.

Wie oft am Tag ich das höre. Nie hat irgendjemand was am PC gemacht. Die Dinge passieren einfach. Schwupp – und plötzlich sind die Icons weg. So was! Wie von Geisterhand … Und der Nutzer steht staunend davor.

»Ich schwöre! Ich hab den Computer nicht mal berührt!«

Ja! Ich kenne das.

Schnell quetsche ich mich an Sugar, der gern mitgelaufen wäre, vorbei durch die Wohnungstür, drehe mich noch einmal um und rufe meiner Tochter, die im Kinderzimmer spielt, zu: »Mami kommt gleich wieder, Mausi!«

Ich eile in den Keller, in das Büro meines Vaters. Es ist vollgestellt mit alten Ordnern, muffeligen Möbeln und Koffern aus einer längst vergangenen Zeit. Ein wenig Licht dringt durch das Kellerfenster auf den Schreibtisch. Da steht nun das Übel. Ein Windows-PC mit einem Internetanschluss sowie ein Laserdrucker. Zwischen all diesen alten Möbeln, die teilweise noch von meinen Großeltern stammen, sieht der Computer wie ein Außerirdischer aus. Mein Vater sitzt davor und fuchtelt wild mit der Maus herum.

»Halt! Stopp!«, rufe ich.

Es ist kaum mit anzusehen, wie er mit dem Computer umgeht. Hektisch haut er auf die Tasten ein und drückt dabei immer wieder mal verschiedene Tastenkombinationen, mit denen er ungewollte Funktionen auslöst.

»Mach doch ein wenig langsamer«, rate ich ihm. »Du verwechselst die Strg-Taste mit der Shift-Taste. Da kann es schon mal sein, dass deine Formatierungen durcheinanderkommen.«

Ich dränge ihn zur Seite und stelle den Bildschirm wieder auf Standard zurück, suche seine Dateien und erkläre ihm die ein oder andere Funktion.

»Wer braucht eigentlich diese Strg-Taste?«, fragte er ungeduldig.

Meine Antworten sind ihm aber meist zu lang. Er hätte es gern weniger ausführlich. Die Lösung seines Problems sollte in einen Satz mit maximal acht Wörtern Länge passen.

»Weiß ich schon«, schießt er jedes Mal, kaum habe ich begonnen zu erklären, zurück.

Klaro! Er war ja Lehrer und bleibt es ein Leben lang. Lehrer wissen bekanntlich immer schon alles, bevor man es erklärt, und vor allem wissen sie es besser.

Nach dem fünften »Weiß ich schon« gebe ich entnervt auf und stapfe nach oben.

»Wenn du schon alles weißt, dann klappt es jetzt bestimmt wieder«, raune ich und versuche, mir nichts von meiner Gereiztheit anmerken zu lassen.

»Genau!«, lacht er und tippt weiter auf seiner Tastatur herum.

»Haha«, rufe ich zurück und muss tatsächlich lachen. Er ist schon ein lustiger Kauz.

Trotz dieser sich ständig wiederholenden Szenen bewundere ich ihn für seine Ausdauer und seine Offenheit für neue Dinge. In dieser Eigenschaft bleibt er für mich immer ein Vorbild.

Am nächsten Tag erzähle ich den Kursteilnehmern bei einer Internetschulung von meinem Vater. »Er hat mit fünfundsiebzig Jahren noch begonnen, das Internet zu erforschen. Da sollten Sie das doch in Ihren jungen Jahren auch hinkriegen«, berichte ich stolz.

Die Teilnehmer sind beeindruckt und strengen sich ein bisschen mehr an. Zumindest bilde ich mir das ein.

Meine Mutter hingegen kann sich mit den technischen Errungenschaften nicht so gut anfreunden. Zwar liest sie die täglichen Nachrichten im Lokalteil der Tageszeitung, aber mit den technischen Dingen der Welt will sie sich nicht mehr belasten. Ihre Aktivitäten sind dennoch ebenso vielfältig wie zeitaufwendig. Sie engagiert sich in der Seniorenarbeit und organisiert jede Woche die Treffen im Ort. Sie kümmert sich um den Kaffee, backt Kuchen und telefoniert viel, denn die Leute wollen persönlich von ihr eingeladen werden. Bei schönem Wetter steht sie im Garten und pflegt mit Hingabe ihre Rosenbeete, ihre Kräuter und den Gemüsegarten. Bei knapp tausend Quadratmetern hat sie damit gut zu tun, beklagt sich aber nie darüber. Mein Vater ist eher ein Gartenmuffel, was meine Mutter jedoch nicht weiter belastet.

»Jedem das Seine«, ist ihre Devise.

Unsere Mutter hat, wie die meisten Mütter, alles für die Familie getan und sich selbst dabei wenig Beachtung geschenkt. Eigentlich ist sie nie krank, auch kleine Gebrechen werden von ihr meist verschwiegen.

»Es gibt Schlimmeres«, war stets ihre Antwort auf die Frage, ob sie vielleicht krank sei. Das wurde ihr letztendlich zum Verhängnis. Es hätte meinem Vater nicht geschadet, wenn er schon früher gelernt hätte, die ein oder andere Aufgabe von meiner Mutter zu übernehmen, anstatt sie von anderen einzufordern, wie er das beispielsweise später dann von mir tat.

Heute würde ich ihr gern zurufen: Gesteh dir und deiner Familie deine Schwächen ein. Sei krank, und wenn du krank bist, dann fordere frühzeitig dein Recht auf Fürsorge und Pflege ein! Mütter und Frauen dürfen auch krank und hilfsbedürftig sein!

Aber ich kannte es lange Zeit nicht anders, und ändern konnte ich weder meine Mutter noch meinen Vater.

Schon kurz nach unserer Rückkehr sehe ich, wie aktiv meine Eltern tatsächlich sind. Ständig sind sie unterwegs bei Veranstaltungen, zu Besuch bei Freunden oder auf Ausflug mit anderen Senioren. Sie haben einen hohen sozialen Status in der Dorfgemeinschaft und einen großen Bekanntenkreis.

In den nächsten Wochen bin ich mit dem Auf- und Ausbau des Schulungscenters beschäftigt. Ich verhandle mit Firmen und Arbeitsamt, während Jens weiter unsere Geschäftspartner in Griechenland betreut. Die Geschäfte laufen mal gut, mal weniger gut. Im Schulungsbereich sowie in der Personalvermittlung der Touristikbranche drängen immer mehr Anbieter auf den Markt. Für uns bedeutet das, ständig flexibel zu reagieren und neue Marketingstrategien zu entwickeln. Trotz der Doppelbelastung Geschäft und Familie gelingt es Jens und mir, Schritt für Schritt eine zweite Existenz in Deutschland aufzubauen. Finanziell läuft es dank einiger erfolgreicher Projekte gut. So gut, dass wir uns einen Jugendtraum erfüllen und ein Islandpferd anschaffen. Eine Oase der Entspannung für die gesamte Familie. Gemeinsame Ausflüge in die Natur am Sonntag oder die wöchentlichen Reitstunden für Lena schaffen die nötige Distanz zum stressigen Alltag.

Endlich geht es aufwärts.

Angekommen

Mittlerweile sind drei Jahre vergangen, und wir haben uns gut eingelebt in Deutschland. Unsere Tochter genießt die Nähe zu Oma und Opa, mit denen sie sich wunderbar versteht. Meine Mutter kocht besonders gern Nudelsuppe für sie. Die Lieblingsbeschäftigung meines Vaters mit seiner Enkeltochter ist das Toben über die Sofas. Ich möchte zu Oma gehen!, wird der Lieblingssatz meiner Tochter.

Manchmal muss ich sie bremsen. »Jetzt nicht, Oma und Opa haben sich hingelegt. Du weißt doch, dass die beiden ihre Mittagspause brauchen.«

Lesen ist für meine Mutter die größte Entspannung und ein tägliches Highlight – mal abgesehen vom Krimiabend im Fernsehen. Sie liegt jeden Tag eine Stunde auf der Couch und vertieft sich in eines ihrer Bücher, während mein Vater nebenan ein kleines Mittagsschläfchen hält. Doch unsere Tochter hat ihre eigenen Ideen und macht gern, was sie will. Sie entwischt aus unserer Wohnung und schleicht auf Zehenspitzen nach unten zu ihren Großeltern. Leise öffnet sie die Tür.

»Kuckuck! Oma, schläfst du?«, flüstert sie.

Aber meine Mutter hat sie längst gehört und geht rasch zur Tür, damit mein Vater nicht aufwacht. »Na, du kleine Schalore«, begrüßt sie ihre Enkeltochter.

Jetzt ist Lena sicher, dass sie gewonnen hat, denn »Schalore« sagt Oma nur, wenn sie nett zu ihr ist. Meine Mutter ist selten ungehalten mit Lena und hat immer ein offenes Ohr für sie. Andererseits achte ich sehr darauf, dass die Kleine ihre Großeltern nicht allzu sehr stresst. Die Nerven ihres Opas sind schon lange nicht mehr die besten, und er schafft es nie, uns zu sagen, wenn es ihm zu viel wird. Eine Eigenschaft, die der gesamten Familie immer wieder zu schaffen macht.

Heute aber gelingt es der kleinen Lena mal wieder, ihre Großmutter um den Finger zu wickeln. So kommt es, dass meine Mutter ihr Buch weglegt und das dicke Märchenbuch holt, um ihr daraus vorzulesen. Es dauert nicht lange, bis die ungewöhnlichen Geräusche aus dem darunterliegenden Wohnzimmer bei mir in der Küche oben ankommen.

Sogleich begreife ich, dass unsere Tochter nicht mehr im Kinderzimmer spielt. Schnell laufe ich nach unten und sehe, was ich schon ahnte. Verdammt, sie hat mich wieder reingelegt!

Obwohl das Sofa sehr breit ist, sitzt Lena mit ihrer geliebten Oma am obersten Ende und kuschelt sich noch enger an sie, als sie mich sieht. Zu Recht fürchtet sie sich vor meinem Ärger. Ein gequältes Lächeln macht sich auf meinem Gesicht breit.

»Tut mir leid, Mutti. Ich hab es gar nicht gehört, dass Lena ausgebüxt ist.«

»Das ist schon in Ordnung«, sagt meine Mutter zu mir. »Ich hab das mit Lena schon geklärt. Nicht wahr, Lena?«

»Ja. Ganz klar!«

Eifrig nickt Lena in meine Richtung und grinst fast ein bisschen schadenfroh. Na, komm du mir nach Hause, denke ich. Ich schnappe, höflich grinsend in Richtung meiner Mutter, ihren Arm und drücke ein wenig fester zu.

»Kommst du bitte mit?«, fletsche ich durch die Zähne.

Sie verzieht das Gesicht zum Weinen, geht dann aber (fast) freiwillig mit.

In unserer Wohnung angekommen, erkläre ich ihr, warum ich so gereizt bin: »Oma und Opa brauchen ihren Schlaf. Ich muss mich auf dich verlassen können«, schimpfe ich mit ihr. »Du musst lernen, Rücksicht zu nehmen. Wir wohnen in einem Haus zusammen und müssen einander respektieren.«

Lena sieht mich geknickt an. »Ja, Mama! Ich mach das nicht mehr. Großes Indianerehrenwort!«

Sie ist mittlerweile sieben Jahre alt und versteht schon sehr gut, warum Oma und Opa ihre Ruhezeiten brauchen. Ich mag diese Situation nicht, in der meine Tochter dafür sorgt, dass ich ein schlechtes Gewissen haben muss. Aber das kann sie nicht verstehen. Es erinnert mich an die Zeit, in der ich noch die zu erziehende Tochter war und meine Mutter mich oft maßregelte. Damals hatte ich das Gefühl, ich könne es ihr nie recht machen. Selbst heute, zwanzig Jahre später, taucht dieses Gefühl wieder auf, und es wird mein ständiger Begleiter bis zum Schluss bleiben. Ich will, dass sie mich trotz unserer Unterschiedlichkeit so akzeptiert, wie ich bin, und möchte ihr beweisen, dass ein Leben, wie ich es führe und geführt habe, für mich richtig ist. Dass es verschiedene Lebensmodelle gibt und nicht nur das eine, das meine Eltern kennen.

Im Teenageralter hatte meine Mutter schon immer tolle Ratschläge für mich: »Liebe ist wichtig, aber Kind, du musst auch sehen, dass dein Mann regelmäßig Geld verdient.«

Dieser Tipp kam genau zu dem Zeitpunkt, als ich mich Hals über Kopf in einen Surflehrer verliebt hatte. Meine Güte, das war damals völlig unwichtig für mich. Überhaupt dachte ich, dass ich selbst mein Geld würde verdienen können. Meine Mutter drängte mich auch dazu, einen sozialen Beruf zu erlernen. Büroarbeit fand sie immer sehr langweilig und trist. Interessanterweise entwickelte ich mich später genau in diese Richtung. Absicht oder Zufall? Angeblich wollen sich alle Kinder von ihren Eltern abheben. Dennoch bin ich überzeugt, dass meine Mutter und ich einfach total verschieden sind. Unsere gegensätzlichen Ansichten waren schon in der Pubertät eine tägliche Herausforderung für uns beide.

Einer für alle – alle für einen

Unser Familienleben wird Tag für Tag hektischer. Die steigende Nachfrage an PC-Schulungen führt dazu, dass wir uns für einen festen Standort entscheiden müssen. Wir mieten Räume an und tätigen weitere Investitionen. Es soll auch für uns leichter werden, weil wir uns so den ständigen Auf- und Abbau der Computeranlagen am jeweiligen Schulungsort sparen können. Damit steigen aber auch die laufenden Kosten – ich muss noch mehr arbeiten. Mein Mann muss, bedingt durch die existenziell weiterhin wichtige Personalberatungsagentur, oft ins Ausland. Unsere ohnehin schon knapp bemessene Zeit wird noch knapper. Ausflüge mit der Familie und dem Pferd werden weniger, Zeit für Freunde bleibt kaum noch.

Eines Abends, Jens sitzt gerade in einem Flieger nach Kreta, klingelt das Telefon. Ein Dozent, der an diesem Abend einen Kurs für mich halten soll, sagt kurzfristig wegen Krankheit ab. Acht Kursteilnehmer haben sich angemeldet, und falls ich nicht augenblicklich losfahre, stehen sie vor verschlossener Tür. Eile ist geboten. Ich sause zu meinen Eltern in die Wohnung.

»Könnt ihr Lena heute Abend ins Bett bringen?«, frage ich meine Mutter hektisch.

»Was ist denn passiert?« Sie sieht mich fragend an.

Ich erkläre ihr mein Dilemma. Natürlich will sie helfen und verspricht, die Kleine für den Abend zu übernehmen. Eine Generation hilft der anderen, denke ich. Auch wenn es manchmal für alle Beteiligten anstrengend ist, ist es schön, wenn man sich im Notfall aufeinander verlassen kann. Lena ist ein recht temperamentvolles Kind, das immer Aufmerksamkeit sucht. Den Lehrern in der Schule ist auch schon aufgefallen, dass sie nicht still sitzen kann und große Konzentrationsprobleme hat. In vielen Gesprächen haben wir gemeinsam nach der Ursache gesucht. Demnächst werde ich mit ihr einen Psychologen aufsuchen, um der Sache auf den Grund zu gehen.

Meine Eltern helfen trotz ihres Alters, so wie sie es können, im Gegenzug ist es für mich auch nicht immer einfach, sie im Haus zu unterstützen. Gemeinsame Einkaufsfahrten enden oft mit dem Genörgel meines Vaters: »Wieso muss man nur so viel einkaufen?« und dem bissigen Kommentar meiner Mutter: »Als ob du ohne Essen leben könntest.« Trotzdem sind beide Parteien froh über diese Interessengemeinschaft, von denen alle profitieren. Was wäre nur, wenn ich sie nicht hätte?, denke ich oft.

Mit einem schlechten Gewissen, das mein ständiger Begleiter werden soll, fahre ich eiligst zu der Schulung. Unsere Tochter ist wenig begeistert von der Idee, dass ich an diesem Abend nicht zu Hause sein werde. So hinterlasse ich ein quengeliges und weinendes kleines Mädchen. Meine Mutter lächelt tapfer beim Abschied, aber ich weiß, wie schwierig es für sie werden wird. Es ist schrecklich, doch es gibt an diesem Abend keine andere Lösung.

Gegen elf Uhr finde ich Lena schlafend in ihrem Bett wieder, meine Mutter sitzt bei uns im Wohnzimmer. Sie sieht müde aus. Ich bedanke mich überschwänglich bei ihr. Sie entgegnet jedoch nur: »Das ist doch selbstverständlich!«

Ein herzhaftes Gähnen von ihr entlockt uns noch ein kurzes Lachen. Todmüde fallen wir beide in unsere Betten.

»Jens! Martiiiiinaaaa!«, schallt es durch das Treppenhaus.

Verdammt. »Ja!«

Wir sitzen beide im Dachgeschoss, dort haben wir unser Büro eingerichtet. Jens telefoniert gerade mit einem englischsprachigen Kunden. Meine Mutter hört nicht auf zu rufen, und ich springe auf, um hinunterzusprinten. Dabei stolpere ich über die Telefonschnur und reiße das Telefon mitten in der Vertragsverhandlung vom Tisch. Ein Fluch entweicht mir, während ich Jens flehend ansehe.

Hilf mir!, soll das heißen. Er aber schaut demonstrativ in eine andere Richtung. Das Geschäft ist jetzt eindeutig wichtiger für ihn.

»Martiiiiinaaaaaa!« Die Stimme kommt näher. Meine Mutter geht anscheinend die Treppe hoch.

»Scheiße«, entfährt es mir, und ich rette mich aus der misslichen Lage. Schon bin ich an der Tür und halte sie mit weiteren Rufen auf.

»Komme schon«, entgegne ich leise und lege einen Finger an meine Lippen. »Jens telefoniert mit Kreta.«

»Ach so! Das kann ich ja nicht wissen«, erwidert sie leicht beleidigt.

»Nein, Mutti. Natürlich nicht. Aber es wäre besser, wenn du nicht dauernd rufend nach oben laufen würdest«, erkläre ich ihr.

»Ich wollte ja nur fragen, ob einer von euch deinen Vater in zwei Stunden nach Weilheim bringen kann. Er hat dort ein Treffen und will im Dunkeln nicht mehr fahren.« Fragend sieht sie mich an.

Draußen ist dichtes Schneetreiben, und meine Begeisterung hält sich in Grenzen. Aber wie kann ich jetzt Nein sagen? Sie helfen doch auch immer, wo es geht.

»Klar. Machen wir«, antworte ich.

In Gedanken gehe ich schon die Liste der noch zu erledigenden Aufgaben durch. Schnell das Auto von den Hundehaaren befreien. Der Müll der letzten Wochen muss auch entsorgt werden, und wie sehen eigentlich die Fenster aus? Ich weiß, dass nicht nur mein Vater mitfahren wird, sondern auch zwei andere Herren aus dem Ort. Nach Weilheim fahren sie immer zusammen.

Langsam wendet sich meine Mutter auf der Treppe um und geht wieder hinunter. Vermutlich sitzt mein Vater unbeteiligt im Wohnzimmer. Anstatt selbst bei uns nachzufragen, schiebt er sie vor. Mir soll's gleich sein.

Zwischenzeitlich hat Jens sein Telefonat beendet und blickt mir amüsiert entgegen. »Was war das denn da gerade?«, frotzelt er.

»Mach jetzt keine Witze!«, warne ich ihn.

Sehr oft habe ich meiner Mutter schon erklärt, dass ihr Geschrei durch das Treppenhaus nicht so angenehm ist. Aber sie vergisst es immer wieder.

Mir liegt eine ungehaltene Bemerkung auf den Lippen. »Fährst du Vater heute Abend in die Stadt?«, frage ich Jens, statt sie zu äußern.

»Selbstverständlich«, antwortet er.

Für Jens ist das Wetter nicht so schlimm. Er nimmt mir das gern ab. Dafür gehe ich gleich nach unten in den Hof und kümmere mich um das Auto. Zwischenzeitlich ist Lena vom Spielen nach Hause gekommen. »Hunger!«, plärrt sie mir schon an der Haustür entgegen.

Ich schinde Zeit: »Zehn Minuten, mein Schatz. Ich muss nur noch kurz das Auto sauber machen. Hilfst du mir?«

»Nöööö! Ich warte lieber«, sagt sie schnell und läuft nach oben in die Wohnung.

Darauf hatte ich natürlich spekuliert und grinse in mich hinein. Hastig mache ich mich an die Arbeit, sodass Jens am Abend die Herrschaften in die Stadt fahren kann.

Mir ist mulmig zumute wegen des heftigen Schneetreibens, als Jens losfährt, und ich bin ziemlich froh, als er spätnachts mit seinem Schwiegervater wieder wohlbehalten zu Hause ankommt.

»Ob das nötig war?«, frage ich ihn leicht ungehalten. »Das hätte man ja mal ausfallen lassen können. Männer!«

Jens sieht das etwas anders. »Ach was. Ist doch alles gut gegangen. Dein Vater hat dich doch letztens auch abends gefahren. Schon vergessen?«

Nein, das hatte ich nicht vergessen. Es ist keine schöne Erinnerung. Es ist noch kein halbes Jahr her, da wurde bei unserem geliebten Hund die Diagnose Lungenkrebs festgestellt. Zwei Wochen später ging es Sugar so schlecht, dass sie kaum noch Luft bekam. Da wir Lena nicht allein lassen konnten, ich aber nicht allein zum Tierarzt fahren wollte, bot mein Vater an, mich dort hinzufahren.

In der Praxis stellte sich dann heraus, dass Sugar eingeschläfert werden musste, sonst würde sie in der Nacht ersticken. Ich war so froh, dass er dabei war, denn ich musste auf dem Nachhauseweg ununterbrochen weinen und hätte niemals selbst fahren können. Immer wieder klopfte er mir zart auf die Schulter, um mich zu trösten. Er selbst hatte auch ganz feuchte Augen. Dieser Hund war uns allen sehr ans Herz gewachsen.

»Ja, du hast schon recht. Aber das war doch ein Notfall«, versuche ich mich zu rechtfertigen.

Mir ist jedoch völlig bewusst, dass mein Vater damals auch nicht nach dem Wetter oder nach der Uhrzeit gefragt hat. Er war einfach da. Also werden wir jetzt auch für ihn da sein.

Weihnachten

Lena liebt ihre Großeltern von ganzem Herzen. Wann immer es ihr danach ist, besucht sie die beiden. Stets erzählt sie von den schönen Momenten mit Opa und Oma. Ein besonderes Ritual ist für sie der Spaziergang an Weihnachten, kurz vor der Bescherung. Gemeinsam mit ihrem Opa bringt sie die von uns im Herbst gesammelten Eicheln und Kastanien in den Wald, um den Tieren ein Weihnachtsgeschenk zu machen. Am Heiligabend, pünktlich zur Dämmerung, stapft sie, fest eingepackt in ihren Schneeanzug, nach unten und klopft an der Wohnungstür ihrer Großeltern.

»Opa, wir gehen Rehe füttern«, ruft sie ihm zu.

Ihre Oma reicht ihnen Mütze und Schal hinterher, und schon verschwinden die beiden in der winterlichen Spätnachmittagsstimmung. Die kleine Hand von Lena liegt fest in Opas Hand, als ob sie ihn nie wieder loslassen will. Ich stehe mit feuchten Augen oben am Küchenfenster und denke an meine eigene Kindheit, in der ich auch schon zu Weihnachten in den Wald gegangen bin und Rehe gefüttert habe. Ich reiße mich los und gehe schnell ins Wohnzimmer. Jens und ich nutzen die freie Zeit, um den Weihnachtsbaum zu schmücken und Geschenke darunterzulegen.

Der Ausflug mit seiner Enkeltochter ist eigentlich das Einzige, was mein Vater an Weihnachten mag. Grundsätzlich schimpft er über den Weihnachtswahnsinn. Meine Mutter hingegen liebt Weihnachten und freut sich stets besonders auf unsere alljährliche Einladung zum Abendessen an Heiligabend. Ich glaube, sie ist froh, nicht mit ihrem Mann allein sein zu müssen, und genießt die kindliche Freude ihrer Enkeltochter.

Da ich weiß, wie wichtig ihr der Weihnachtsabend ist, fühle ich mich jedes Jahr mehr oder weniger verpflichtet, den Abend mit den Eltern zu verbringen. Ich will auf gar keinen Fall, dass sie allein sind. Nur in einem einzigen Jahr, als Lena noch keine zwölf Monate alt war, haben wir uns für einen Besuch bei den Schwiegereltern im neunhundert Kilometer entfernten Kiel entschieden. Doch es blieb bei dieser einen Ausnahme. Nachdem es meiner Mutter immer schwerer fiel zu kochen, habe ich schon vor vielen Jahren entschieden, dass sie zu uns zum Essen kommen. Richtig schön war es dennoch nie, weil Vater meist schlecht gelaunt war und meine Mutter recht aufgeregt um ihn herumgetanzt ist. »Was brauchst du denn?« oder »Soll ich dir dein Bier holen?« und so weiter. Aber ich kannte das ja und kommentierte es meist mit einem Witz.

Dieses Jahr sitzen wir mal wieder alle wie im Bilderbuch um den Weihnachtsbaum herum und beobachten Lena, wie sie ein Geschenk nach dem anderen aufreißt und bestaunt. Gern hätten wir auch unsere Schwiegereltern dabeigehabt, aber sie leben einfach zu weit weg.

Rückblickend kann ich sagen, dass die Veränderung

bei meiner Mutter schon früh erkennbar war. An diesem Abend kommt sie allein nach oben, ohne meinen Vater. Sie klopft an die Tür und ruft fröhlich: »Martina!«

Ich eile zu ihr. »Hallo, Mutti! Wo hast du denn den Vati gelassen?«, frage ich erstaunt.

»Ach der«, sagt sie leicht verächtlich, »der wird schon noch kommen.«

Ich bin verwundert. Sonst kommt sie doch nie ohne ihn oder sieht zumindest nach, wo er bleibt.

Zielstrebig marschiert sie ins Wohnzimmer zu ihrer Enkelin. Es kümmert sie wenig, wo mein Vater bleibt, weswegen ich entscheide, nach unten zu gehen und nach ihm zu sehen. Ich treffe ihn im Schlafzimmer an, wo er hektisch etwas sucht.

»Was machst du denn?«, frage ich ihn.

»Ich suche etwas. Wir haben einen Umschlag für Lena vorbereitet. Deine Mutter interessiert das gar nicht mehr«, sagt er.

Tatsächlich hat sie das nicht gekümmert. Seltsam.

»Kann ich dir helfen?«

»Nein, ich hab ihn schon.« In der untersten Schublade wird er fündig. Erleichtert hält er den Umschlag hoch und grinst. »Jetzt kann es losgehen.«

Gemeinsam gehen wir nach oben und reden nicht mehr darüber.

Kapitel 2

2004-2006

Der Anfang vom Ende

Ein Samstagmorgen im Frühjahr des folgenden Jahres. Wir genießen es, auszuschlafen und lange am Frühstückstisch zu verweilen. Lena klettert aus ihrem Bett und sitzt mit Schlafanzug und Kuscheldecke am Tisch. Nebenbei schlürft sie ihren Kakao. Frische Brötchen, Orangensaft, Obst und Kaffee stehen auf dem Tisch, und wir planen unseren Tag. Genauer gesagt, Lena plant den Tag. Sie will gern mal wieder schwimmen gehen und überlegt sich schlagfertige Argumente, um uns von der Dringlichkeit ihres Anliegens zu überzeugen. Doch ihr Redeschwall wird jäh von einem kurzen Poltern unterbrochen. Das Geräusch kommt ganz klar von unten und scheint die Küche unter uns zu betreffen.

Ich springe sofort auf und rufe: »Mist! Das hört sich nicht gut an!«

Auf der Treppe nach unten nehme ich zwei Stufen gleichzeitig, und fast wäre ich noch gestrauchelt, hätte ich mich nicht am Treppengeländer festgehalten. Ich laufe in die Wohnung meiner Eltern und finde meine Mutter auf dem Küchenboden liegend vor.

»Mutti, ist alles okay bei dir?«, frage ich sie.

Sie antwortet leicht verwirrt: »Ja, ja. Ist alles in Ordnung. Ich weiß gar nicht, wie das passieren konnte.«

Mein Vater steht neben ihr und lacht nervös. Ein Lachen, das keine Freude, sondern eher Verzweiflung ausdrückt. Trotzdem sagt er ganz lässig zu seiner Frau: »Komm schon. War nix. Einfach wieder aufstehen.«

Tatsächlich schafft es meine Mutter mit meiner und der Hilfe meines Vaters wieder auf die Beine. Außer ein paar blauen Flecken hat sie keinen größeren Schaden erlitten.

»Bist du sicher, dass du okay bist?«, frage ich besorgt.

»Ja, ganz bestimmt«, gibt sie zurück und lächelt mich an.

Während ihr die Situation sichtlich peinlich ist, mache ich mir Sorgen. Wieso ist sie einfach umgefallen? Ist sie wirklich nur umgeknickt, wie sie behauptet? Meine Mutter versucht, die Sache herunterzuspielen, und ich hake nicht weiter nach.

»Komm, ich helfe dir noch ein wenig in der Küche«, schlage ich vor.

Gemeinsam machen wir Ordnung, bevor ich wieder nach oben gehe.

»Na, alles okay bei deinen Eltern?«, fragt mich Jens.

»Ich weiß nicht. Es war ganz komisch. Mutter hatte wohl einen kleinen Ohnmachtsanfall«, antworte ich. »Sie sieht irgendwie verwirrt aus. Ich glaube, wir sollten heute lieber zu Hause bleiben.«

Unsere Tochter verzieht sofort das Gesicht zum Weinen. »Ich hab mich schon so gefreut«, ruft sie und drückt die erste Träne raus. »Das ist gemein!«, empört sie sich.

»Aber Mäuslein, der Oma geht es nicht so gut. Du willst doch auch nicht, dass ihr etwas passiert und wir nicht da sind, oder?«

Das ist ein echtes Dilemma für unsere mittlerweile

achtjährige Tochter. Nein, das will sie natürlich nicht, aber auf das Schwimmen verzichten will sie auch nicht.

»Weißt du was?«, mischt sich mein Mann ein, »wir gehen einfach ohne Mama.«

Lena zeigt sich begeistert von dieser Idee. Ich hingegen versuche, ein Lächeln hervorzubringen, um meine Enttäuschung zu verbergen. Doch ich sehe ein, dass dies die beste Lösung für alle ist, und stimme zu.

An diesem Tag gibt es keine weiteren Vorfälle mehr.

Am nächsten Tag klopfe ich kurz vor Mittag bei meinen Eltern an. Ich will sehen, wie es ihnen geht, da ich den Eindruck habe, dass die Stimmung bei ihnen nicht so gut ist.

Meine Mutter streckt den Kopf aus der Küchentür und fragt mich sofort: »Hast du zufällig unseren Haustürschlüssel mitgenommen?«

»Nein, ich habe doch meinen eigenen Schlüssel«, antworte ich.

In letzter Zeit hat sie ihren Schlüssel öfter verlegt. Oder bilde ich mir das bloß ein? Passiert mir das nicht auch manchmal?

Meine Mutter kann es nicht glauben: »Na ja, irgendwer muss ihn ja genommen haben, denn er ist nicht hier!«, erwidert sie gereizt.

»Du fragst mich so, als ob du mir die Schuld geben willst«, erwidere ich.

»Ich frag doch nur«, meint sie.

Jetzt kommt mein Vater dazu und schimpft. »Den ganzen Tag suchen wir etwas. Ich werde noch wahnsinnig.«

Damit die Situation nicht weiter eskaliert, beteilige ich mich an der Suche. Ich wühle in Taschen, Jacken und

Schubladen. Irgendwann werde ich fündig. Der gesuchte Haustürschlüssel steckt im Schloss.

»Wer macht denn so was?«, entfährt es meiner Mutter.

Diese Frage will ich nicht weiter verfolgen, und so verabschiede ich mich höflich. Mein Vater brummelt etwas vor sich hin, das sich anhört wie: »Der Heilige Geist war's wahrscheinlich«, während ich schnell die Tür hinter mir schließe. Puh! Schlechte Stimmung kann ich am Wochenende gar nicht brauchen.

Die Vorfälle häufen sich. Mal sucht sie den Schlüssel, mal ihre Hausschuhe oder die Fernbedienung des Fernsehers. Immer wieder verlegt sie etwas, mehrmals am Tag sind sie und mein Vater auf der Suche nach irgendwelchen Dingen. Eine ungewöhnliche Situation für meine Mutter, die immer sehr großen Wert auf Ordnung gelegt hat.

Ursprünglich hatte alles mal seinen Platz. Die Schlüssel lagen im Schlüsselkasten, der Geldbeutel war stets in der Handtasche, und der Regenschirm stand immer hinter der Tür. Es kostet mich Geduld auszuhalten, dass ich dauernd unter Verdacht stehe. Meine Mutter lässt es offen, ob sie mir glaubt oder nicht. »Na ja... wenn du meinst«, ist immer öfter ihr Kommentar. Schon ihre Stimme verrät, dass sie äußerst unsicher ist, ob ich nicht doch dies oder jenes in meiner Tasche habe. Sie kann sich nicht erklären, wo all die Dinge bleiben. Denn wer, wenn nicht ich, hat den Schlüssel, die Hausschuhe oder ihr Taschentuch benutzt?

Abends erzähle ich Jens davon. »So langsam geht mir das auf die Nerven. Dauernd beschuldigt mich meine Mutter, irgendwelche Dinge verlegt oder genommen zu haben. Das ist doch nicht normal, oder?«, beschwere ich mich.

»Ach, das darfst du nicht so ernst nehmen. Sie meint das bestimmt nicht so«, versucht er mich zu beruhigen. »Im Alter werden die Menschen halt etwas komisch. Du musst toleranter sein.«

»Du hast gut reden. Dich beschuldigt ja keiner. Ich nehme das schon persönlich«, entgegne ich.

Das Verhalten meiner Mutter lässt mir keine Ruhe. Wie kommt sie darauf zu denken, ich würde all diese Dinge verlegen? Aber letztendlich hat Jens recht. Ich werde für meine Mutter mehr Verständnis aufbringen müssen, ihre Anschuldigungen weniger ernst nehmen. Es grenzt ja tatsächlich manchmal ans Komische, was sie so von sich gibt. Bestimmt ist ihr gar nicht bewusst, dass sie mich verärgert.

Verzweiflung

Ich habe es mir zur Gewohnheit gemacht, fast täglich, meist abends zwischen halb acht und acht, bei den Eltern vorbeizusehen. Ich habe den Eindruck, meine Besuche heitern sie auf. Wir sprechen über die Ereignisse des Tages oder auch über politische Themen. Je nachdem, was uns gerade einfällt. Doch die Stimmung wird immer getrübter. Meine Mutter kämpft mit ihren Problemen, die ihr täglich größer erscheinen. Die ewige Suche nach den Dingen reibt sie auf, seit Neuestem kommt noch die Suche nach den geeigneten Wörtern hinzu.

So sitze ich auch an diesem Abend bei meinen Eltern auf dem Sofa, während Jens Lena ins Bett bringt. Meine Mutter erzählt von einer Nachbarin, deren Name ihr einfach nicht einfallen will. Sie fängt an zu weinen.

»Was hast du denn, Mutti?«, frage ich völlig verblüfft. »Warum weinst du denn?«

So kenne ich sie gar nicht. Tränen laufen über ihr Gesicht, ich bin kurz davor mitzuweinen.

»Ich weiß gar nicht, was mit mir los ist«, schluchzt sie. »Mir fallen die einfachsten Namen nicht mehr ein. Das gibt es doch gar nicht. Ich glaube, ich werde verrückt.«

Ich sehe ihre Verzweiflung, weiß aber nicht, was ich dazu sagen soll. Mir ist das auch schon aufgefallen, aber ich habe es auf das voranschreitende Alter geschoben. Sollte sie sich mal untersuchen lassen?, frage ich mich. Blödsinn! Ich schiebe den Gedanken weg. Es ist doch normal, wenn man mit Ende siebzig mal den ein oder anderen Namen vergisst.

Ich tröste meine Mutter. »Ach was, Mutti! Denk dir nichts dabei. Bist halt keine zwanzig mehr, da hat man schon mal Erinnerungslücken«, sage ich leichthin.

Mein Vater sitzt wie jeden Abend neben ihr auf seinem Sessel. Wie versteinert schaut er auf den Tisch. Ich sehe ihn an und versuche mit einem lockeren Spruch die Situation zu entschärfen. Ich kann es nicht ertragen, wenn zwischen den beiden Disharmonie herrscht. Deswegen bin ich stets bemüht, zu vermitteln oder zu beschwichtigen.

»Du vergisst doch auch mal was, Vati, oder?«

Langsam hebt er den Kopf, denkt nach und lacht plötzlich unvermittelt kurz auf. »Ständig!«, ruft er, aber es klingt nicht überzeugt. Ihm scheint die Sache auch nicht geheuer zu sein.

Doch an diesem Abend werde ich das Thema nicht mehr ansprechen. Meine Mutter hat sich wieder beruhigt. So reden wir noch über ein paar belanglose Dinge, bis ich mich nach einer halben Stunde verabschiede, um nach oben zu gehen.

Jens sitzt mittlerweile im Wohnzimmer und sieht fern. Obwohl ich eigentlich mit ihm über meine Mutter reden wollte, entscheide ich mich kurzerhand anders. Müde vom Tag und den Ereignissen schlafe ich neben ihm auf dem Sofa erschöpft ein.

Die Abende, an denen meine Mutter weinend auf dem Sofa sitzt, häufen sich. Immer wieder erlebe ich in den kommenden Wochen, dass sie etwas erzählen will und ihr die Worte dazu nicht einfallen. Dann sieht sie mich mit großen Augen an, und völliges Unverständnis beherrscht ihren Gesichtsausdruck. »Was passiert nur mit mir?«, fragt sie mich immer wieder.

Leider verstehe ich es auch nicht. Obwohl ich ein mulmiges Gefühl habe, versuche ich sie zu beruhigen und spiele die Situation herunter. Aber so richtig bin ich nicht davon überzeugt, dass das Verhalten meiner Mutter keinen Grund zur Besorgnis bietet.

Ein schriller Ton, der durch das Haus schallt, lässt das Adrenalin durch meine Adern schießen. Feueralarm! Nachdem meine Mutter drei Monate zuvor etwas hat anbrennen lassen, haben wir im ganzen Haus Feuermelder angebracht. Jetzt pfeift es in einem hohen, unerträglichen Ton bis zu uns in die Wohnung. Lena und ich sitzen gerade in der Küche vor unserem Mittagessen.

»Mama! Was ist das?«, brüllt sie und hält sich die Ohren zu.

Ich springe vom Stuhl auf und rufe ihr noch schnell zu:

»Bleib du hier. Ist nichts Schlimmes. Oma hat nur vergessen, den Teekessel auszumachen!«

Eilig renne ich die Treppe nach unten in die Wohnung meiner Eltern. Schon beim Öffnen der Wohnungstür schlägt mir heftiger Rauch entgegen. »Hallo! Was ist denn hier los?«, frage ich in den Qualm hinein.

»Nichts passiert!«, ruft meine Mutter zurück und öffnet die Küchentür zum Gang. Der Rauch ist so dicht, dass ich sie kaum sehe.

»Meine Güte, wie siehst du denn aus?«, fragt sie mich amüsiert. »Als ob du ein Gespenst gesehen hättest!«

»Sehr witzig!«, entgegne ich. »Du fackelst die Wohnung ab und meinst, es wäre nichts passiert?«

Wut kommt in mir auf. Wie kann sie nur behaupten, es sei nicht so schlimm? Ein Wunder, dass die Küche nicht brennt. Mittlerweile stehe ich mitten drin, bei weit geöffnetem Fenster, und sehe das Corpus Delicti. In einer Pfanne liegen zwei kleine schwarze Würmchen. Vermutlich waren es mal Bratwürste, inzwischen haben sie nur noch zehn Prozent ihres Volumens.

»Mein Gott! Ist dir das noch nie passiert?«, fragt sie entrüstet, als sie bemerkt, dass ich die Pfanne entdeckt habe.

Nein, das ist mir tatsächlich noch nie passiert. Ich schaue meinen Vater an, der im Türrahmen steht und ziemlich unglücklich wirkt.

»Hast du das denn nicht mitbekommen?«, will ich wissen.

»Wie denn?«, fragt er zurück. »Die Tür war zu, und deine Mutter war allein in der Küche.«

»Wie? Du warst in der Küche und hast nicht gemerkt, dass die Würstchen anbrennen?«, frage ich sie.

»Wie ihr euch hier aufführt! Nur wegen so einem bisschen Rauch«, fährt sie mich an, dreht mir im nächsten Moment den Rücken zu und zischt davon.

Mich erschreckt nicht, dass ihr etwas in der Küche angebrannt ist, sondern ihre Reaktion darauf. Oder vielmehr, dass sie den Vorfall herunterspielt. Sie wirkt weder erschrocken noch betroffen. Sie ist beleidigt, weil wir ihr Missgeschick bemerkt haben. Ich kann ihr Verhalten nicht verstehen und wende mich meinem Vater zu.

»Was ist nur los mit ihr?«, frage ich ihn.

Er aber schüttelt wie so oft nur den Kopf und meint: »Keine Ahnung.«

Bevor ich der Sache weiter nachgehen kann, höre ich aus dem Treppenhaus meine Tochter rufen: »Maaaamaaa! Telefon! Maaamaaaa!«

Ich sprinte nach oben und befürchte, dass sie das Telefonat schon angenommen hat. Sie steht ganz oben im Dachgeschoss und hält mir den Hörer hin.

»Hier! Für dich!« Sie grinst.

Verdammt, was macht sie in unserem Büro?

»Hallo?«, frage ich in den Hörer.

Am Telefon ist ein Kunde, wie ich bereits befürchtet habe. Lena weiß eigentlich ganz genau, dass sie Telefonate nicht annehmen darf. Aber ihre Neugierde ist so groß, dass sie gern die Regeln ignoriert. Mich bringt das sehr oft in Verlegenheit. So entschuldige ich mich für meine Tochter. Der Anrufer jedoch lacht nur und meint, er habe selbst Kinder, ich bräuchte mir keine Gedanken zu machen.

Die mache ich mir aber dennoch. Denn es gelingt mir immer weniger, den Anspruch, den ich an meine Arbeit und an unser Geschäft, an Lena und meine Eltern habe, zu erfüllen. Wenn nicht gerade ein Kunde am Telefon ist, dann kümmere ich mich um unsere Tochter, oder ich renne mal wieder nach unten, um spontan zu helfen. Irgendwie fühle ich mich für alles, was im Haus passiert, zuständig. Es ist schon eine verrückte Situation. Im Erdgeschoss kümmere ich mich um meine Eltern, im ersten Stock bin ich Mutter, und unter dem Dach erledige ich die geschäftlichen Belange. Jens geht es dabei nicht anders. Nur dass er immer wieder mal im Ausland ist, was sich nicht vermeiden lässt. Darum beneide ich ihn tatsächlich des Öfteren.

Später am Nachmittag bringe ich Lena zum Kinderturnen. Während ich auf der Bank in der Turnhalle sitze und ihr zusehe, hänge ich meinen Gedanken nach. Wie sehr sich meine Mutter in der letzten Zeit verändert hat! Sie wirkt egoistisch, gereizt und weiß alles besser. Das sind völlig neue Wesenszüge, die ich nicht von ihr kannte. Auch ihre Persönlichkeit verändert sich. War sie zeitlebens aufopfernd für ihren Ehemann da, verhält sie sich plötzlich egoistisch und kümmert sich immer seltener um seine Belange. Meinem Vater gefällt das nicht so gut, wie ich beobachtet habe. Er zieht sich mehr und mehr zurück und ist manchmal den ganzen Abend beleidigt. Dann sitzt er neben ihr in seinem Sessel und starrt auf den Boden. Meine Mutter sieht fern und beachtet ihn nicht. Es scheint, als ob sie den ganzen Abend nicht miteinander reden würden.

Es kommt mir auch so vor, als ob meine Mutter den Haushalt nicht mehr so im Griff hat wie früher. Vielleicht sollte ich ihr vorschlagen, eine Unterstützung für sie zu suchen.

Zwei Wochen später. Ich bin mal wieder mit Lena beim Kinderturnen. Plötzlich klingelt mein Handy und reißt mich aus meinen Gedanken. Schnell nehme ich es aus der Tasche und verschwinde unter den tadelnden Blicken der Turnlehrerin in der Umkleidekabine. Mein Vater meldet sich und bittet mich zu kommen. Meine Mutter ist wieder hingefallen.

Ich frage eine Bekannte, ob sie Lena mit nach Hause nehmen kann, und mache mich auf den Weg. Es ist mir sehr unangenehm, andere Leute so spontan um einen Gefallen zu bitten. Aber in diesem Moment habe ich keine bessere Idee. In den drei Minuten Fahrzeit zu unserem Haus telefoniere ich noch schnell mit Jens, der gerade in München ist. Er versichert mir, sich in Kürze auf den Heimweg zu machen, damit er sich um Lena kümmern kann.

Zu Hause angekommen finde ich meine Eltern im Wohnzimmer. Meine Mutter hat ganz offensichtlich Schmerzen. Ich eile zu ihr, setze mich neben sie auf den Boden und nehme ihre Hand.

»Mutti, was ist denn passiert?«

Mein Vater sieht mich bedrückt an und berichtet: »Ich krieg sie nicht mehr auf den Sessel, weil sie sich nicht anfassen lässt.«

»Du bist lustig«, sagt meine Mutter gequält. »Mir tut der Rücken so weh. Ich kann nicht aufstehen.«

Ich versuche erst gar nicht, ihr dabei zu helfen, sondern rufe gleich den Rettungsdienst, der sie ins Krankenhaus bringt. Mein Vater und ich fahren mit dem Auto hinterher. Ich kann sehen, dass er mit ihr leidet. Hoffentlich kommt Jens rechtzeitig heim, schießt es mir durch den Kopf. Es wäre blöd, wenn Lena vor verschlossener Tür stünde.

»Altwerden ist scheiße!«, meint Vater plötzlich in die Stille hinein.

»Ja!«, antworte ich.

Mehr fällt mir dazu nicht ein.

Diagnose Demenz

Die Ärzte im Krankenhaus machen ihre Arbeit gründlich. Recht schnell stellen sie eine Rippenfraktur fest. Nachdem meine Mutter nicht sagen kann, wieso sie hingefallen ist, und sich herausstellt, dass ihr das schon öfter passiert ist, machen sie gleich noch ein CT von ihrem Kopf.

Am nächsten Tag fahre ich mit Lena und Jens zu Besuch ins Krankenhaus. Meine Mutter sitzt mit meinem Vater in ihrem Zimmer und empört sich gerade belustigt darüber, dass sie »so dumme Aufgaben wie Uhren lesen« lösen musste.

»Ob die Ärzte wohl glauben, ich habe nicht mehr alle im Oberstübchen?«, fragt sie mich später.

Ich erfahre, dass mit dem Uhrentest, bei dem der Patient fehlende Ziffern in einen vorgezeichneten Kreis eintragen soll, die kognitiven Fähigkeiten eines Menschen überprüft werden können, das heißt, die Signale der Umwelt wahrzunehmen und weiterzuverarbeiten. Mithilfe des Tests kann man Hinweise auf eine beginnende Demenzerkrankung erhalten.

Mein ältester Bruder ist gerade gekommen, die Oberärztin bittet uns beide zu einem Gespräch ins Ärztezimmer. Sie redet nicht lange um den heißen Brei herum: »Ihre Mutter leidet unter beginnender Demenz. Eine vaskuläre Demenz. Das bedeutet, dass es Durchblutungsstörungen im Gehirn gibt, die eine Demenz auslösen. In den Röntgenbildern ist das gut zu erkennen.«

Sie erklärt uns anhand des Röntgenbildes die sichtbare Veränderung im Gehirn meiner Mutter. Wir haben natürlich noch keine Ahnung von der Krankheit und fragen nach. Die Ärztin erläutert, was es für einen Mensch bedeuten kann, wenn er Stück für Stück seine Fähigkeiten verliert.

»Ihre Mutter hat bereits Wortfindungsprobleme. Das Sprachzentrum ist von der Krankheit betroffen. Ihre Gleichgewichtsstörungen kommen ebenfalls daher. Sie werden sich Gedanken darüber machen müssen, wie Sie später damit umgehen, wie Sie Ihr Leben und das Ihrer Mutter organisieren können«, sagt sie.

Die Oberärztin kann nicht voraussagen, wie genau der Krankheitsverlauf sein wird. Wann welche Phase der Krankheit eintritt und vor allem, welche Bereiche des Gehirns betroffen sein werden. Das ist bei jedem Menschen individuell verschieden.

Jetzt bekomme ich Angst. Das Versprechen, dass keiner der beiden je in ein Heim muss, haben sich unsere Eltern einander quasi schon zur Hochzeit gegeben. Aber mein Vater ist gar nicht in der Lage, für sie zu sorgen. Er kann weder kochen noch will er sich um andere Dinge im Haushalt kümmern. Seit einiger Zeit sieht er auch sehr schlecht und wirkt dadurch zunehmend depressiv. Ich muss die Dinge ansprechen.

Ich nehme mir vor, nicht nur meinen Vater, sondern auch meine Mutter in absehbarer Zeit in diese Gedanken mit einzubeziehen. Noch wirkt sie ja geistig fit. So ist es doch nur fair, wenn sie sich selbst zu der Situation äußert. Genau. Miteinander reden ist die Lösung. Gemeinsam werden wir einen Weg finden. Aber zunächst muss sie noch einige Tage im Krankenhaus bleiben.

Für meinen Vater ist die Diagnose seiner Frau schwer zu ertragen, ist er es doch gewohnt, dass er ihr Lebensmittelpunkt ist und sie sich ausschließlich um seine Belange kümmert. Jetzt sieht es ganz so aus, als ob sie das nicht mehr könnte. Der Gedanke, dass seit über fünfzig Jahren eingespielte Tagesabläufe nicht mehr funktionieren, macht ihm anscheinend zu schaffen. Wer soll ihn jetzt trösten, wenn er schlechte Laune hat? Sie hat ihn doch stets durch den Tag getragen und ihn mit ihrer Fürsorge ummantelt. Schon dass es in letzter Zeit an der ein oder anderen Stelle bröckelt, irritiert ihn ungemein.

Meiner Mutter geht es nach ihrem Krankenhausaufenthalt körperlich wieder besser, so bleiben die täglichen Rituale der beiden vorerst bestehen. Sie steht als Erste auf und bereitet das Frühstück vor. Währenddessen ist mein Vater im Bad und setzt sich im Anschluss an den morgendlichen Kaffeetisch.

»Guten Morgen, mein Schatz!«, begrüßt ihn meine Mutter immer besonders fröhlich. Dazu gibt es einen Kuss. Sie ist der tägliche Sonnenschein in dem manchmal düsteren, durch kurze Phasen der Depression beeinträchtigten Leben.

Doch im Laufe der darauffolgenden Wochen wird es für meine Mutter immer schwieriger, den Alltag zu bewältigen. Ich bemerke bei meinen Besuchen, dass ihre Hände unkontrolliert zittern. Sie braucht länger, um den Tisch zu decken, oder sie verschüttet öfter mal etwas.

Hilfe muss her

Eines Morgens schaue ich zufällig bei meinen Eltern vorbei. Lena ist bereits in der Schule, und ich bin auf dem Weg zur Arbeit. Schnell will ich noch fragen, ob ich etwas aus der Stadt mitbringen kann. Schon beim Öffnen der Tür höre ich meinen Vater schimpfen.

»Wo ist denn der Kaffee?«, tönt es mir entgegen. Er ist sehr ungehalten und hantiert in der Küche wild herum, während meine Mutter im Esszimmer sitzt und weint.

So ein Mist. Ich habe einen Termin, kann aber jetzt nicht einfach wieder gehen, deshalb frage ich vorsichtig: »Vati, was ist denn los?«

»Deine Mutter verschüttet alles, deswegen mach ich jetzt den Kaffee. Brauchst aber nicht zu glauben, dass ich hier noch etwas finde«, brummelt er vor sich hin. »Die Dinge stehen alle an einem anderen Platz.«

»Aber dafür kann sie doch nichts«, versuche ich ihn zu beruhigen.

»Ja, das weiß ich. Aber ich auch nicht!«, entgegnet er.

Um nicht noch mehr Zeit in der Diskussion zu verlieren, beteilige ich mich an der Suche. Als der Kaffee gefunden ist, verabschiede ich mich mit den Worten: »Bitte seid nett zueinander. Ich muss jetzt leider weg, weil ich einen Termin habe.« Ich gehe noch schnell zu meiner Mutter und lege ihr meine Hand auf die Schulter. »Ich komme später vorbei, dann reden wir«, versuche ich sie zu trösten.

»Ja, ist schon gut. Geh nur!«, antwortet sie.

Ich fühle mich schlecht. Eigentlich hätte ich bleiben müssen. Meine Eltern allein zu lassen ist falsch. Aber meine Arbeit ist wichtig für mich. So rede ich mir auf der Fahrt ein, dass bestimmt alles gut verlaufen wird. Mein Vater wird es doch schaffen, den Kaffee für die beiden zu machen.

Der Umstand, dass meine Mutter ihre tägliche Arbeit nicht mehr erledigen kann, führt regelmäßig zu Unstimmigkeiten und letztendlich zum Streit zwischen ihr und meinem Vater, das wird mir mehr und mehr klar. Er hat immer weniger Geduld mit ihr, obwohl er sich zwischendurch wirklich bemüht.

Am Abend gehe ich wie angekündigt zu meinen Eltern, um mit ihnen zu sprechen. Meine Mutter klagt mir ihr Leid. Vater sei so ungeduldig, und sie habe große Mühe mit manchen Verrichtungen im Haushalt. Wie immer sagt ihr Mann nichts dazu, sondern lacht nur kurz auf. Ich wittere meine Chance und schlage vor, eine Haushaltshilfe zu organisieren. Diese Idee hatte ich schon länger im Kopf, um auch mich etwas zu entlasten. Das Leben meiner Eltern und gleichzeitig das meiner Familie zu managen wird langsam zu einer riesigen Belastung. Gelänge es mir, eine Hilfe für die Eltern durchzusetzen, wäre das ein Zeitgewinn für mich.

Mein Vorschlag stößt auf heftigen Widerstand, er kommt überhaupt nicht gut an. Damit habe ich nicht gerechnet. Meine Mutter fühlt sich persönlich angegriffen. Sie könne doch alles noch, wenn nicht dieses Zittern wäre. Und überhaupt: Sie sei doch nicht verrückt. Und wer solle das eigentlich bezahlen? Aber noch viel schlimmer sei der Gedanke, eine fremde Person in ihre Wohnung zu lassen. Was denke die, wenn nicht aufgeräumt sei?

Ich erkläre ihnen, ich könnte doch erst einmal jemanden suchen, ihnen die Person unverbindlich vorstellen, und dann sähen wir weiter. Aber damit habe ich wenig Erfolg, und wir vertagen die Diskussion.

Der Schlaganfall

Am nächsten Tag, wir sind gerade mit dem Mittagessen fertig, ruft meine Mutter ganz aufgeregt ins Treppenhaus: »Maaartiiiina! Bitte, komm schnell!«

Ich nehme mal wieder zwei Stufen gleichzeitig und finde meinen Vater auf dem Boden im Schlafzimmer liegend. Seine Augen sind weit offen, sein Blick ist starr nach rechts oben gerichtet. Ich berühre ihn leicht und frage ihn: »Vati, was ist passiert?«

Aber er sieht mich nur mit großen Augen an, ohne zu antworten. Jens, der mir dicht gefolgt ist, läuft zum Telefon und ruft den Rettungsdienst. Kurze Zeit später trifft dieser ein, zwei Sanitäter tragen meinen Vater zum Rettungswagen. Noch immer sind seine Augen vor Schreck geweitet, und ich rufe ihm zu: »Mach dir keine Sorgen! Wir kommen gleich nach.«

Sobald er außerhalb unserer Sichtweite ist, laufen mir die Tränen über das Gesicht. Meine Mutter darf das nicht sehen, damit sie sich nicht so viel Sorgen macht, deswegen wende ich mich ab und verschwinde nach oben, um die Autoschlüssel zu holen.

Im Krankenhaus erfahren wir, dass er einen Schlaganfall hatte und es ihm bereits viel besser geht. Wir finden ihn auf der Station mit einer Infusion im Arm. Sein Blick ist wieder normal, nur mit dem Sprechen tut er sich sehr schwer. Der Arzt, der wenige Augenblicke nach uns ins Zimmer kommt, erklärt ihm, weshalb das so ist.

»Die Stimmbänder sind halbseitig gelähmt. Aber mit einem Logopäden, der mit Ihnen das Sprechen übt, kriegen Sie das wieder hin. Es war ein Glück für Sie, dass Sie so schnell gefunden wurden.«

Der Arzt erläutert auch den weiteren Behandlungsablauf. Nach einem mehrtägigen Krankenhausaufenthalt soll mein Vater drei Wochen in eine Rehabilitationsklinik. Meine Mutter macht sich Sorgen um ihn und äußert diese auf der Heimfahrt.

»Das ist schlimm für deinen Vater, dass er nicht mehr richtig sprechen kann«, erklärt sie mir.

Die Wut und den Frust in seinen Augen habe ich auch gesehen. Aber ich bin sicher, dass er es wieder lernen wird. So versuche ich, meine Mutter davon zu überzeugen, dass die modernen Behandlungsmethoden ihm ganz sicher helfen werden.

Da es ihr jedoch gesundheitlich auch nicht besonders gut geht, nehme ich noch am selben Tag Kontakt mit ihrem Arzt auf und schlage vor, beide zusammen in die Reha gehen zu lassen. Der Vorschlag löst überraschenderweise allgemeine Begeisterung aus, bei meinen Eltern sowie bei den Ärzten.

Tatsächlich finde ich direkt eine geeignete Klinik in der Umgebung. Eine Woche später bringen wir meine Eltern dorthin.

Auf der Heimfahrt wage ich, auszusprechen, was ich vorher nie gewagt habe: »Mein Gott! Bin ich froh, jetzt mal drei Wochen für mich zu haben!«

Sogleich bekomme ich die Quittung von der Rückbank. »Du bist gemein, Mama!«, empört sich meine Tochter, die ebenfalls dabei ist. »Oma und Opa können doch nichts dafür! Sie sind halt alt!«

»Ja, Mäuschen. Du hast ja recht. Aber die letzte Zeit war wirklich sehr anstrengend. Eine kleine Pause wird uns allen guttun«, erkläre ich ihr.

Sie zieht einen kleinen Schmollmund und schaut demonstrativ aus dem Fenster. Meine Verhaltensweise will sie nicht verstehen. Es geht ja um ihre heiß geliebten Großeltern. Das kann ich gut begreifen, und ich will sie auch nicht übermäßig mit meinen Problemen belasten. Andererseits bin ich der Meinung, sie sollte später mal verstehen, warum ich dies oder jenes entscheiden musste.

Jedes Wochenende besuchen wir die Eltern mit Kaffee und Kuchen. Mittlerweile haben wir auch wieder einen Hund im Haus, der uns dabei stets begleitet. Mein Vater liebt diesen Hund und geht gern ein paar Schritte mit uns spazieren. Jacko ist ein Huskymischling und läuft willig neben meinem Vater, der immer ein paar Hundeleckerli zur Hand hat.

Lena besteht darauf, dass wir Opa seinen Lieblingskuchen mitbringen. So backe ich auch heute wieder einen Marmorkuchen und richte das Geschirr für unseren Sonntagsbesuch her.

Zwei Stunden später sitzen wir bei den Eltern am gedeckten Tisch, doch die Stimmung ist an diesem Tag schlecht.

Mein Vater beschwert sich über die hilflosen Ärzte, die sich ausschließlich um die Mutter kümmern würden. Er selbst sei anscheinend nur die Begleitung, meint er beleidigt. Andererseits macht meine Mutter mir Sorgen. Ihr gesundheitlicher Zustand verschlechtert sich rapide – so sehr, dass sie bei unserem heutigen Besuch im Rollstuhl sitzt.

»Ich kann nicht mehr richtig laufen«, jammert meine Mutter.

»So geht das den ganzen Tag«, lamentiert mein Vater. »Ich bin Luft hier. Die Ärzte interessieren sich überhaupt nicht mehr für mich.«

Ich sehe meine Mutter an und frage: »Stimmt das?«

Sie hingegen macht nur eine abfällige Handbewegung. »Ach was«, ist ihr einziger Kommentar.

Trotzdem suche ich kurz vor unserer Rückfahrt das Gespräch mit dem Oberarzt. Er erklärt mir ausführlich die Behandlungsverläufe meiner Eltern. Mein Vater geht täglich zu einer Logopädin, die diverse Sprachübungen mit ihm macht. Meine Mutter besucht Gymnastik- und Physiotherapiestunden, bei denen sie das Gehen und die Koordination trainiert. Ich habe überhaupt nicht den Eindruck, dass mein Vater zu kurz kommt. Unvermittelt spreche ich ihn darauf an.

»Ihr Vater neigt zu Depressionen. Es kann sein, dass er es so wahrnimmt. Wir werden darauf achten«, verspricht er mir.

Ich bin beruhigt und habe das Gefühl, dass meine Eltern in guten Händen sind.

Wie soll es weitergehen?

Nach vier Wochen Aufenthalt kommen sie wieder nach Hause. Es ist auffällig, wie sehr meine Mutter abgebaut hat, insbesondere bei der Wortfindung. Hat sie vor Kurzem nur einige Begriffe nicht mehr gewusst, fehlt ihr jetzt schon im jedem Satz mindestens ein Wort. Mittlerweile kostet es viel Geduld, mit ihr ein längeres Gespräch zu führen. Nicht weil ich ungeduldig bin, sondern weil sie unter diesem Ausfall extrem leidet. Immer öfter bricht sie in Tränen aus und kann nicht verstehen, was ihr da widerfährt. Körperlich jedoch hat sie sich etwas erholt. Sie ist in der Lage, sich mithilfe des Rollators ein wenig zu bewegen.

»Martina, was soll ich nur machen?«, fragt sie mich verzweifelt. Dabei tippt sie sich an den Kopf und weint. »Mir fallen die Worte einfach nicht mehr ein!« Ein Schluchzen lässt sie am ganzen Körper erzittern.

Was soll ich nur tun? Ihr sagen, dass alles gut wird?

Mittlerweile habe ich die Krankheit in ihrer ganzen Grausamkeit erfasst. Anfangs hat sich die Persönlichkeit meiner Mutter verändert. Sie ist egoistischer und rechthaberischer geworden. Dann hatte sie immer wieder Gleichgewichtsprobleme, die sie zum Fallen gebracht haben. Gleichzeitig fielen ihr die passenden Wörter nicht mehr ein.

Im Laufe der Zeit ist die Kommunikation für sie immer schwieriger geworden. Auch das Hörverstehen, also das verstandene Wort zu erfassen, fällt ihr immer schwerer. Da hilft selbst lautes Sprechen nicht weiter. Ihr Gehirn stirbt Stück für Stück ab. Dafür sorgen sogenannte kleine Gehirnschläge, wie mir der Neurologe erklärte.

Aber das kann ich ihr doch nicht sagen!

Nur wie es mit ihr weitergehen wird, das könnten wir ja mal besprechen, überlege ich. Darum fasse ich mir ein Herz.

»Mutti, ich will dich mal fragen, wie du dir die Zukunft vorstellst. Wie soll es langfristig weitergehen?«

Meine Güte. Wie soll ich das nur ausdrücken? Ich kann ihr doch nicht so direkt ins Gesicht sagen, dass ich wissen möchte, von wem sie gepflegt werden will. Wie das klingt!

Aber ich merke, dass es eigentlich egal ist, wie ich frage. Meine Mutter will sich mit dem Thema nicht auseinandersetzen. Sie fängt mal wieder unvermittelt an zu weinen, und es ist mir nicht möglich, dieses Gespräch fortzuführen. Das Einzige, was sie sagt, ist: »Es tut mir so leid für euch.« Dabei schluchzt sie immer lauter und wiederholt den Satz mehrmals.

Nur gut, dass Vater nicht da ist, denke ich. Der hätte mir wahrscheinlich den Rest gegeben. Er hätte meine Mutter mit seinen zynischen Kommentaren bestimmt noch mehr zum Weinen gebracht. Auch er ist nicht in der Lage, mit mir oder mit seiner Frau über das auf uns zukommende Problem zu reden. Es scheint so, als ob sie beide nicht aussprechen wollten, was eigentlich nicht zu ignorieren ist.

Meine Mutter ist dement, und wir sollten uns damit auseinandersetzen. Doch ich habe auch nicht den Mut zu weiteren Konfliktgesprächen.

Die Stimmung wird nun Tag für Tag schlechter. Mittlerweile gehe ich jeden Abend nach dem Abendessen für eine Stunde zu meinen Eltern, die abendlichen Gespräche werden zum Ritual. Jedes Mal, wenn ich vor der Tür stehe, atme ich tief ein und denke mir: Tu Gutes und bring etwas Glück in das Leben deiner Eltern.

Wir reden viel, diskutieren die Welt und den Verlauf des Altwerdens. Mir scheint es wichtig, sie auf andere Gedanken zu bringen. All meine Bemühungen zielen darauf hin, Licht in ihr augenblicklich schwieriges Leben zu bringen.

»Schaut doch«, sage ich, »bei all dem Leid, das euch widerfährt, muss man doch auch das Glück sehen, das ihr habt. Ihr habt ein schönes Haus, in dem ihr wohnen könnt. Ihr habt ausreichend Geld, mit dem ihr die Not lindern könnt. Niemals musstet ihr einen schweren Schicksalsschlag hinnehmen. All eure Kinder leben noch und sind anständige Menschen geworden.«

Meine Mutter nickt mir zu, während mein Vater nur zornig erwidert: »Ja, welch Glück wir haben! Ich kann kaum mehr sprechen, ich sehe schlecht, und deine Mutter zittert den ganzen Tag und stolpert, wo es nur möglich ist.«

Gut, dass ich mich durchgesetzt und eine Haushaltshilfe organisiert habe. Seit einer Woche kommt sie dreimal in der Woche und sorgt für Ordnung. Anfangs hat meine Mutter noch geschimpft, doch jetzt akzeptiert sie die Unterstützung, wenngleich auch etwas widerwillig.

»Das Geld hätten wir uns sparen können«, zetert sie mal wieder. »Als ob ich das nicht noch könnte!«

»Ach, Mutter, lass dir doch helfen«, erwidere ich. Freilich lassen wir keinen Arzttermin aus und versuchen, die bestmögliche Hilfe für meine Eltern zu erhalten. Im wöchentlichen Rhythmus wechseln wir zwischen Neurologe, Kardiologe, Hausarzt und HNO hin und her. Mal ist meine Mutter bei einem Termin, mal mein Vater. Da Jens oft im

Büro im Dachgeschoss arbeitet, übernimmt er viele Fahrten zum Arzt. Er tut das ohne zu klagen, aber ich sehe schon, dass es auch ihn belastet. Ein Arztbesuch ist nicht das pure Vergnügen. Dort sitzen kranke Menschen, und selten wird einem vorab mitgeteilt, wie viel Zeit man einplanen muss. So braucht Jens eine Menge Geduld, und ich bin ihm sehr dankbar.

Seit kurzer Zeit hat mein Vater massivere Sehprobleme. Die Diagnose bleibt nicht aus: Makuladegeneration. Ein Netzhautschaden, der zu starker Sehbehinderung bis zur Erblindung führt. So langsam entwickle ich mich zur medizinischen Fachfrau. Ich lese mich in die Thematik ein und suche technische Hilfsmittel für den Alltag heraus. So bekommt mein Vater eine Leselupe mit Licht, die einer meiner Brüder für ihn besorgt. Ich würde ihm auch gern einen großen Fernseher besorgen, aber er lehnt das ab. Brauche er nicht, meint er. Im Internet entdecke ich eine Uhr mit akustischer Zeitansage und bestelle sie. Auch das Telefon tausche ich aus gegen ein Telefon für Sehbehinderte. Es hat extra große Tasten, und man kann sich das Adressbuch vorlesen lassen.

Erschwerend kommt hinzu, dass meine Mutter nicht mehr gut hört. Beim Akustiker erhält sie ein Hörgerät. Dazu sind viele Besuche beim Experten nötig, denn auch das beste Hörgerät muss angepasst werden. Vor der Demenzdiagnose habe ich allerdings nie darüber nachgedacht, dass das Hören nicht allein mit der Akustik zu tun hat. Nein, das Gehörte muss auch noch verstanden werden. Mit dem Hörverstehen hat meine Mutter jedoch extreme Probleme, die mit einem Hörgerät nicht zu lösen sind.

Man kann sich kaum vorstellen, wie die Dialoge im Wohnzimmer meiner Eltern klingen. Meine Mutter, die kaum mit dem Hörgerät zurechtkommt, nestelt ständig an ihrem Ohr herum. Oft genug fällt das Hörgerät dann heraus, was sie aber gar nicht bemerkt. Nicht selten habe ich es aus der Sofaritze wieder hervorgeholt. »Ach, so was! Wie kommt das denn da hin?«, fragt meine Mutter dann immer ganz erstaunt.

Mein Vater, der bedingt durch seine einseitig gelähmten Stimmbänder nicht mehr so laut reden kann, wiederholt täglich mindestens drei Mal: »Ich kann nicht mehr reden.«

Meine Mutter erwidert dann: »Ich verstehe dich nicht. Kannst du nicht etwas lauter sprechen?«

Täglich um 19:00 Uhr schalten meine Eltern den Fernseher an, um die Nachrichten zu sehen. Da wir unser Wohn- und Esszimmer direkt über dem meiner Eltern haben, dringen viele Geräusche zu uns nach oben. Mehr, als uns lieb sind. Es ist nicht zu überhören, dass die Lautstärke des Fernsehers unten von Tag zu Tag zunimmt.

»Eigentlich können wir unseren Ton ausmachen«, zetere ich eines Abends, »deren Lautstärke reicht für das ganze Haus.«

Wütend stehe ich von der Couch auf und gehe nach unten. Jetzt reicht's mir. Mein Vater sitzt mit beiden Händen an den Ohren, die Ellenbogen auf die Knie gestützt, in seinem Sessel und starrt auf den Boden. Völlig unbeeindruckt hingegen sitzt meine Mutter neben ihm und konzentriert sich auf die Nachrichtensprecherin.

»Findet ihr das nicht etwas zu laut?«, überbrülle ich den Fernseher.

»Ich weiß nicht«, meint meine Mutter, »die Nachrichtensprecher haben früher viel deutlicher gesprochen. Da waren sie noch bestens ausgebildet. Jetzt nuscheln die immer so.«

Tatsächlich glaubt sie, was sie da sagt. Ob dieser skurrilen Situation entfährt mir ein Lachen, was meine Mutter ärgerlich stimmt.

»Lach du nur«, erwidert sie beleidigt.

»Das kannst du vergessen«, schnauzt mein Vater. »Die hört eh nicht zu!«

»Mutti, ich glaube, du hörst etwas schlecht. Warum benutzt du nicht den Kopfhörer, den wir dir gekauft haben?«

»Brauche ich nicht. Ich höre ja gut.«

Ach ja, richtig. Es liegt ja nicht an ihr. Vater indessen schüttelt immer noch entnervt den Kopf und schreit: »Es sind immer die anderen, meint deine Mutter!«

Auweia. Die Stimmung ist wieder prima, und ich muss die Situation irgendwie entschärfen. Eigentlich hätte ich ja auch gehen können, aber ich fühle mich für das Schicksal der beiden verantwortlich. Ein bisschen ist es mir auch in die Wiege gelegt worden, dass ich immer und überall für Harmonie sorgen will. Wie sonst ist es zu erklären, dass ich mich ständig einmische? Vermutlich würde ich mich auch einmischen, wenn sich zwei Leute vor mir auf der Straße lauthals streiten würden. Es ist für mich nahezu unmöglich, die Situation zu ignorieren.

Kurzerhand schlage ich vor, den Fernseher auszumachen, und wir unterhalten uns eine Weile. Meine Mutter hat große Mühe, die Wörter zu finden, und das Gespräch wird immer zäher. Es dauert nicht lange, und sie bricht mal wieder in Tränen aus.

»Was ist nur los mit mir? Mir fallen die Wörter nicht mehr ein. Das gibt's doch gar nicht!«

Ich nehme sie in den Arm und suche nach tröstenden Worten, die mir einfach nicht einfallen wollen. Alles erscheint mir falsch, denn es gibt nicht wirklich Trost für sie. Nichts wird mehr gut, alles wird nur noch schlimmer werden!

So sitzen wir ohne Worte nebeneinander. Sie weint, mein Vater schüttelt immer noch den Kopf, und ich habe keine Ahnung, was ich tun kann. Ausweglos ist das, geht es mir durch den Kopf.

Nachdem sich die Szenen fast jeden Abend wiederholen, bin ich fast nicht mehr fähig, mitzufühlen. Wie ein Roboter gehe ich in die Wohnung und drücke auf den »Gute-Laune-verbreiten«-Knopf.

Ich fühle mich total leer. Alles, was ich sage, wiederholt sich, die Szenen dazu wiederholen sich, die Reaktionen der Eltern wiederholen sich. Es kommt mir wie eine Endlosschleife vor. Meine Worte, meine Ratschläge oder gar Verbesserungsvorschläge verpuffen im Alltagsfrust meiner Eltern. Jeden Tag reden wir von den Ärzten, den Krankheiten meiner Eltern, von der Unzufriedenheit, die sich breitmacht. Da bleibt kaum noch Platz für schöne Dinge.

Verlorener Lebensmut

Meine Gefühle den Eltern gegenüber verändern sich. Als meine Mutter zum ersten Mal fragt: »Wann darf ich endlich sterben? Wieso muss ich immer noch leben?«, reagiere ich mit Bestürzung. »Ach, Mutti, so leicht stirbt es sich nicht. Dir geht es doch noch ganz gut«, sage ich.

Inzwischen redet meine Mutter jedoch von nichts anderem mehr. Ich versuche, meinen Eltern die Sorgen und Nöte durch die Gespräche etwas zu nehmen, bemerke allerdings, wie ich immer weniger auf ihre Aussagen reagiere. Eine erschreckende Gleichgültigkeit nimmt schleichend von mir Besitz. War ich anfangs noch entsetzt über den Todeswunsch meiner Mutter, über die depressiven Schübe meines Vaters und das Geschimpfe über seine Frau, reagiere ich zunehmend routiniert. Ich bleibe freundlich, höflich rational, aber ich lasse es nicht mehr an mich ran. Ich kann es selbst nicht glauben, doch das ständige Gerede von Sterben, Tod und Krankheit stumpft mich ab und verliert immer mehr an Wirkung.

Es ist ein Jahr vergangen seit der Diagnose. Meine Mutter ist jetzt achtzig, und sie ist sich sicher, ihren nächsten Geburtstag nicht mehr zu erleben. Sie ist besessen von dem Gedanken und erzählt all ihren Besuchern davon. Für meinen Vater ist es grausam, weil er überhaupt keine Todessehnsucht verspürt. Er hadert zwar mit seinem Schicksal, hat aber noch Wünsche und Pläne.

Immer wieder sprechen wir über mögliche Urlaubsziele. Mehrere Rehakliniken habe ich dazu vorgeschlagen. Früher haben meine Eltern gern Urlaub gemacht, doch meine Mutter reagiert nur noch mit Ablehnung. »Nein, ich will zu Hause sterben. Ich fahre nirgends mehr hin«, ist ihre Standardantwort. Mein Vater sitzt daneben, und ich kann sehen, wie enttäuscht er ist. Er würde sehr gern nach einem Stückchen Lebensqualität greifen. Erst neulich hat er vorgeschlagen, das Schlafzimmer neu einzurichten. Aber auch das will meine Mutter auf keinen Fall. »Das lohnt sich für uns nicht mehr«, ist ihre Antwort. Es spielt keine Rolle, was Vater oder ich vorschlagen, in Mutters Augen lohnt sich überhaupt nichts mehr.

Die Sprachfähigkeit meines Vaters hat sich dank der logopädischen Behandlung verbessert, mit diversen Hilfen meistert er auch seine Sehschwäche. Meine Mutter hingegen schließt mit ihrem Leben ab – zumindest sieht es nach außen so aus.

Eines Tages empfängt sie mich im Treppenhaus mit einem Karton, in dem sich ihre Weihnachtsdekoration befindet.

»Aber, Mutti, jetzt ist doch Sommer. Was willst du denn mit den Weihnachtssachen?«, frage ich sie.

»Hier, Martina. Nimm du sie. Ich brauch sie nicht mehr«, entgegnet sie bestimmt. »Nächstes Weihnachten musst du ohne mich feiern«, und schon kullern wieder Tränen aus ihren Augen.

Oh nein! Das kann ich jetzt überhaupt nicht brauchen. Lena ist schon nach oben geflitzt und veranstaltet bereits einen Höllenlärm in der Küche.

»Lass uns wann anders darüber reden«, bitte ich sie. »Ich komm später mal vorbei.«

Ich lasse sie im Treppenhaus stehen, mit ihrem Weihnachtskarton auf dem Arm. Dabei habe ich einen unangenehmen Druck in der Magengegend. Nie kann ich allen gerecht werden. Es tut mir leid, wie sie da steht. Ich weiß, dass ich mich jetzt eigentlich um sie kümmern müsste. Aber wie? Ganz sicher bräuchte ich jetzt mehr Zeit für meine Mutter. Gleichzeitig wartet Lena auf mich.

Und dann gibt es noch die vielen Dinge, die auf meiner Liste stehen, die völlig zu kurz kommen. Zeit mit Jens habe ich kaum noch. Das Pferd besuche ich im Eilverfahren, und meine Freunde sehe ich auch nur noch sporadisch. Heute Nachmittag habe ich zudem einen Termin mit der Grundschullehrerin. Lena steht im Verdacht, unter ADHS zu leiden. Ihre schulischen Leistungen entsprechen nicht den Erwartungen der Lehrer. Der Termin beim Psychologen hat den Verdacht bestätigt, gleichzeitig wurde Lena Dyskalkulie, auch Rechenschwäche genannt, bescheinigt. Ich jedoch bin eher der Ansicht, meine Tochter passt nicht in die Schublade, in welche die Lehrer sie gern stecken würden. Deswegen versuche ich seit Monaten, sie in einer Montessorischule in der Nähe unterzubringen. Aber leider nimmt die Schule sie aus uns unbekannten Gründen nicht auf. Ich habe Briefe geschrieben, Lehrer kontaktiert und sogar einen Schulpsychologen über uns ergehen lassen. Was muss eigentlich noch alles schiefgehen?

Und nun steht da meine Mutter und will mir erklären, dass sie demnächst stirbt, und verteilt großzügig ihre Sachen. Hat sie ihren Mann dabei ganz vergessen? Wie kann sie nur so leichtfertig mit ihrem Ableben umgehen? Merkt sie denn nicht, dass mich die Sache hier an diesem Ort, auf der Treppe, fast umhaut? Wahrscheinlich meint sie gar nicht, was sie da sagt.

Ich schiebe den Gedanken energisch zur Seite, gehe nach oben und sehe nach meiner Tochter. Jens ist im Büro und kann sich heute Nachmittag um Lena kümmern. So habe ich wenigstens von dieser Seite keinen Druck und kann meine Termine wahrnehmen.

An diesem Tag gelingt es mir nicht, die Traurigkeit und das Leid meiner Eltern zu vergessen. Die halbe Nacht über liege ich wach im Bett. Jeden Tag, an dem ich an ihrer Wohnungstür vorbeigehe, höre ich Dinge, die ich nicht hören will. Wie kann ich für mich Ruhe finden? Es ist fast so, als ob ich den Frust meiner Eltern vor ihrer Tür aufsauge und in mein Leben mit nach oben nehme. Über den Gedanken und der Gewissheit, dass es vielleicht doch besser gewesen wäre, eine Wohnung in der Nähe meiner Eltern zu mieten und nicht im selben Haus zu wohnen, schlafe ich dann doch irgendwann ein.

Rapider Abbau

Wieder gehen Monate ins Land, der lange Winter ist vorbei. Endlich ist es Frühling. Die ersten warmen Sonnenstrahlen locken meine Tochter und mich in den Garten. Gleich nach dem Mittagessen springt Lena die Treppen hinunter und rennt zu der Schaukel, die am Ende des umzäunten Grundstückes steht. Nachdem es nach einer langen Regenphase ein paar Tage trocken war, ist es an der Zeit, den Rasen zu mähen.

»Mama!«, ruft Lena aus dem Garten. Und noch einmal: »Maaaaamaaaa!«

Ich sprinte zur Balkontür und fauche ihr zu: »PSSCHHT! Oma und Opa haben sich hingelegt. Ich komme gleich!«

Aber es ist zu spät. Ich höre, wie unten die Schlafzimmertür aufgeht, Schritte sind zu hören. Mist! Es ist erst zwei Uhr, und eigentlich wollen meine Eltern bis drei ihre Mittagsruhe haben.

Ich packe meine Gartenhandschuhe aus der Truhe und eile nach unten zu meiner Tochter. »Lena«, ermahne ich sie. »Du weißt doch: Oma und Opa legen sich mittags hin. Da musst du Rücksicht nehmen!«

Sie wird bald zehn Jahre alt. Ein Alter, in dem es durchaus möglich ist, Rücksicht zu üben. Ich bin verärgert über ihre Ignoranz. Solche und ähnliche Kleinigkeiten, die mir die so wertvolle, kurz bemessene freie Zeit rauben, lassen mich oft ungehalten reagieren.

»Ach was!«, entgegnet sie fröhlich. »Bei dem Wetter können die ruhig mal aufwachen!«

Im gleichen Moment höre ich, wie meine Mutter mich von der Terrasse aus ruft. Wackelig steht sie mit ihrem Gehwagen, den sie seit einigen Tagen wieder sporadisch benutzt, in der Tür zum Wohnzimmer. Doch ihr Gleichgewichtssinn und ihre Koordination sind mittlerweile so schlecht, dass sie droht, jeden Moment damit umzufallen. Nun kommt auch noch mein Vater von hinten und drängt sich an ihr vorbei auf die Terrasse. Meine Mutter hält sich am Türrahmen fest und sucht Halt.

Leicht panisch sprinte ich den Weg vom Garten nach oben, fasse meine Mutter am Oberarm, um sie vorsichtig zum Stuhl zu führen.

»Was um Himmels willen machst du da?«, frage ich sie.

Sie wedelt mit einer ihrer weißen Baumwollunterhosen vor meiner Nase herum. »Diese Unterhosen passen mir nicht mehr. Kannst du sie gebrauchen?«, fragt sie mich völlig ernst.

Ich bin so erstaunt, dass mir im ersten Augenblick nichts dazu einfällt. Dann fange ich an zu lachen. »Du meinst, ob ich deine Unterhosen auftragen will?«, scherze ich.

Aber Mutter findet das überhaupt nicht komisch. »Was ist falsch daran? Es könnte ja sein, dass du noch Verwendung dafür hast!«, erwidert sie gereizt.

Das Lachen bleibt mir im Hals stecken. Sie meint das tatsächlich ernst. Mein Blick wandert zu meinem Vater. Der ist aber schon längst zu seinem Enkelkind gegangen, mit dem er sich eifrig unterhält.

Immerhin sitzt meine Mutter jetzt und droht nicht mehr zu fallen. Unglücklicherweise kommt die Haushaltshilfe erst in einer Stunde. Würden meine Eltern jetzt noch schlafen, könnte ich mich anderen Dingen widmen. So bleibt mir nichts anderes übrig, als mich zu ihr zu setzen und zu warten, bis ich abgelöst werde, damit sie nicht wieder hin und her läuft und sich womöglich noch etwas bricht.

Zwei Jahre sind seit der Diagnose Demenz vergangen. An guten Tagen ist meine Mutter noch in der Lage, mithilfe eines Gehwagens oder durch Aufstützen auf Tisch oder Stuhl von einem Punkt zum anderen zu gelangen. Doch gibt es immer mehr Tage, an denen sie vollständig auf den Rollstuhl angewiesen ist.

Aus dem Inneren des Hauses weht ein strenger Geruch. Zunächst verdränge ich es, weil ich nicht glauben kann, was das bedeuten könnte. Doch nach einer Weile lässt es sich nicht mehr ignorieren. Es ist ein Geruch, den ich eigentlich schon länger wahrnehme, wenn ich morgens an der Wohnungstür meiner Eltern vorbeigehe. Je länger ich darüber nachdenke, desto sicherer bin ich. So riecht es, wenn ein Mensch sich nicht mehr wäscht. Verstohlen sehe ich meine Mutter an. Kann das sein? Es fällt mir wie

Schuppen von den Augen. Natürlich kann das sein. Wie sollte sie sich noch waschen oder gar baden können, wenn sie kaum mehr laufen kann? Das habe ich nicht bedacht. Ein heikles Thema, und ich habe noch keine Ahnung, wie ich es angehe.

Ein paar Tage später spreche ich eine Freundin darauf an. Sie arbeitet in einem Seniorenheim und hat vielleicht eine Idee.

»Dafür gibt es doch ambulante Pflegedienste«, sagt sie. »Die kommen ins Haus und helfen beim Anziehen, Waschen oder bei der Medikamentengabe.«

Das ist genau das, was ich brauche, denke ich. Aber wie schaffe ich es, meine Mutter von der Notwendigkeit einer Pflegekraft zu überzeugen? Mir kommt ein Gedanke.

»Mutti, was hältst du davon, wenn mal jemand kommt, der dir morgens beim Anziehen hilft?«, frage ich sie unverblümt.

»Was? Wieso denn? Dein Vater hilft mir doch dabei. Da mach dir mal keine Sorgen«, entgegnet sie.

Ich sehe gleich, dass es so einfach nicht geht. »Das stimmt schon. Aber er ist ja auch nicht mehr der Jüngste«, versuche ich also zu argumentieren. »Wir könnten ihn ein wenig entlasten. Du weißt doch. Er ist immer etwas gestresst.«

»Ach, der soll sich nicht so anstellen!« Meine Mutter lacht.

»Wir werden es einfach mal ausprobieren. Was meinst du? Er kann dann morgens in aller Ruhe Kaffee kochen«, schlage ich ihr vor.

Aber meiner Mutter gefällt das gar nicht. Sie wirkt beleidigt, zieht die Augenbrauen hoch und entgegnet: »Ach, mach doch, was du willst.«

Damit ist das Thema für sie erledigt – für mich aber nicht. Ich nehme mir vor, an einem der nächsten Abende mit meinem Vater darüber zu reden.

Ein Pflegedienst kommt ins Haus

Ein paar Tage später, ich sitze im Wohnzimmer meiner Eltern, schneide ich wieder das Thema Pflege an. Den Antrag auf Pflegestufe 1 habe ich auf Anraten einer Freundin bereits vor ein paar Tagen an die Pflegeversicherung geschickt. Es ist mir nicht gelungen, mit meinem Vater allein darüber zu reden, dass morgens zum Waschen und Ankleiden eine Hilfe kommen muss. So bleibt mir nichts anderes übrig, als mit beiden zu sprechen. Meine Mutter erinnert sich nicht mehr an das Gespräch einige Tage zuvor.

»Du hast überhaupt nicht mit mir darüber gesprochen«, sagt sie bestimmt. »Kein Wort! Das wüsste ich doch sonst!«

Ich will nicht mit ihr diskutieren. Mein Ziel ist ein ganz anderes. Ich will sie überzeugen, dass eine Pflegerin ihr guttut. Zu Hilfe kommt mir dabei, dass es gerade an diesem Morgen einen riesigen Krach zwischen meinen Eltern gab. Das habe ich am Nachmittag von der Haushaltshilfe erfahren. Mein Vater war außer sich, weil meine Mutter ihn ständig ins Bad rief, während er das Frühstück herrichten wollte. So habe ich mir eine Strategie zurechtgelegt.

»Schau mal, Mutti«, fange ich an. »Gerade heute früh hast du doch gesehen, dass du es leichter hast, wenn dir jemand beim Anziehen hilft. Vater ist da überfordert.« Ich rede mit Engelszungen auf sie ein.

Zur Bestätigung nickt mein Vater, sagt aber sonst nichts. Er scheint immer noch beleidigt zu sein. Seine Laune ist schlecht.

Meine Mutter sieht mich an. Sie wirkt traurig und verletzt. »Gut, wenn ihr meint!«, seufzt sie.

Ich bin erleichtert, auch wenn ich das Gefühl habe, meiner Mutter etwas aufzudrängen.

Gleich am nächsten Tag suche ich einen Pflegedienst über das Branchenbuch heraus. Eine Empfehlung habe ich nicht, deswegen basiert meine Entscheidung auf der örtlichen Nähe. Schon bei meinem ersten Telefonat bin ich überrascht. Die Mitarbeiter reagieren flexibel, sie versprechen, gleich am übernächsten Tag mit dem Dienst zu beginnen.

Zuvor führen wir ein Gespräch mit dem Leiter des Pflegedienstes und meinen Eltern. Am späten Nachmittag sitzen wir in deren Esszimmer. Meiner Mutter geht es an diesem Tag nicht besonders gut. Sie wirkt leicht abwesend und nimmt am Gespräch nicht richtig teil. Mein Vater ärgert sich darüber, denn es geht doch um sie, wie er meint. Nichtsdestotrotz bin ich froh, dass wir dieses Problem gelöst haben. Der Pflegedienstleiter ist Profi und weiß, wie er mit der Situation umgehen muss. Einfühlsam erklärt er den Eltern, wie die Pfleger vorgehen. Sie wollen meine Mutter unterstützen und ihr bei den morgendlichen Verrichtungen helfen. Auf keinen Fall muss sie Sorge haben, dass sie bevormundet wird. Alles, was sie selbst kann, soll sie eigenständig erledigen. Die Pfleger helfen nur, wo es nötig ist.

Als ich den Leiter nach draußen begleite, sagt er: »Machen Sie sich keine Sorgen. Die Pflegerinnen haben Erfahrung mit den unterschiedlichsten Patienten. Auch Ihre Mutter wird sich daran gewöhnen.«

Obwohl seine Worte tröstlich klingen, bin ich nicht sicher, ob er recht behalten wird. Er kennt ja meine Mutter nicht. Mir erscheint sie in letzter Zeit ziemlich eigensinnig.

Aber nicht nur auf dieser Ebene spitzt sich die Situation zu. Auch geschäftlich ist es in letzter Zeit immer schwieriger geworden. Unser Schulungscenter musste der stark wachsenden Konkurrenz standhalten, und der finanzielle Druck wuchs immens, deshalb haben wir uns für den Verkauf entschieden. Schon seit Langem treffe ich mich immer wieder mit Interessenten, stelle Unterlagen zusammen und führe Gespräche mit der Bank. Jetzt haben wir endlich einen seriösen Käufer gefunden. Wir haben gerade noch die Kurve bekommen. Ein großer Bildungsträger übernimmt mein Schulungscenter und engagiert mich als Leiterin der Niederlassung.

Das alles läuft parallel zu den täglichen Problemen, die sich durch die schwierige Situation mit meinen Eltern ergeben. Für mich bedeutet das, ich kämpfe nicht nur an einer Front, sondern an sehr vielen gleichzeitig. Damit ich mich beruflich weiterentwickeln kann, habe ich auch noch vor Kurzem ein Fernstudium für Betriebswirtschaft gestartet – es scheint mir wichtig für unsere Existenzsicherung. Wer weiß, wie lange ich meine momentane Stelle als Leiterin des Bildungszentrums halten kann. Die Auftragslage ist nicht immer gut. Gleichzeitig ist die zusätzliche zeitliche Belastung durch das Studium, meist abends, recht groß.

Durch den Pflegedienst erhoffe ich mir etwas Entlastung.

Zwei Tage später ist es so weit, zum ersten Mal kommt eine Pflegerin ins Haus. Ich halte mir die Zeit frei, um dabei zu sein. Ausgemacht war, dass sie gegen halb neun eintrifft, um neun Uhr ist sie immer noch nicht da. Meine Mutter hat sich mittlerweile mit meiner Hilfe im Morgenmantel an den Frühstückstisch gesetzt.

»Wieso kann ich mich nicht anziehen?«, wettert sie. »Was soll das alles?«

Meine Erklärungen laufen ins Leere. Sie begreift nicht, was um sie herum passiert. Längst hat sie den Überblick in ihrem Leben verloren. Mein Vater ist ebenfalls verärgert. Ob es wegen der Verspätung ist oder es mit dem Gezeter meiner Mutter zusammenhängt, weiß ich nicht. Aber er brummelt ständig mit zusammengezogenen Augenbrauen irgendetwas vor sich hin. Als endlich die Türglocke läutet, ist die Spannung schon auf Hochtouren.

Eine sympathische Frau mittleren Alters schüttelt mir die Hand. »Entschuldigen Sie bitte!«, redet sie fröhlich darauf los. »Wir können nicht immer genau sagen, wie lange es dauert. Und bei der Dame heute früh war ich etwas länger im Einsatz.«

Sie geht schnurstracks an mir vorbei in die Wohnung meiner Eltern und stellt sich gleich selbst vor. Ich zeige ihr das Badezimmer sowie die Sachen meiner Mutter. Nachdem sie alles begutachtet hat, nimmt sie meine Mutter mit ins Bad. Vater und ich können hören, wie sie freundlich auf Mutter einredet. Was sie genau sagt, hören wir allerdings nicht.

Als die Pflegerin meine Mutter kurze Zeit später angezogen und gewaschen mit dem Rollstuhl ins Esszimmer schiebt, sehe ich deren finsteren Blick. Ich verabschiede die Hilfe dennoch mit der Gewissheit, dass die Morgenhygiene ab heute gesichert ist. Auf mich hat die Frau einen sehr netten und kompetenten Eindruck gemacht. Wieder zurück in der Wohnung der Eltern, konfrontiert mich meine Mutter gleich mit einem bitterbösen Vorwurf.

»Dass du das zugelassen hast! Das verzeihe ich dir nie!«, herrscht sie mich an.

»Was meinst du denn?«, frage ich völlig erschrocken.

»Sie hat mich im Intimbereich gewaschen. Das ist so entwürdigend.«

Meine Mutter ist stocksauer. Ich fühle mich elend in meiner Haut. Aber hatte ich eine andere Wahl? Ich musste doch diese Entscheidung treffen. Bedrückt und ohne weitere Worte gehe ich zum Auto, um zur Arbeit zu fahren. Ich kann mir vorstellen, dass es für sie nicht einfach ist. Vor allem, weil sie selbst gar nicht wahrnimmt, dass sie Hilfe braucht. Für sie ist das alles völlig unverständlich.

Während der Fahrt beruhige ich mich mit dem Gedanken, dass sie sich bestimmt noch daran gewöhnen wird.

Der Zerfall meiner Mutter schreitet immer mehr voran. Kaum habe ich die Haushaltshilfe gefunden, den Pflegedienst für morgens organisiert, reicht es schon nicht mehr. Bisher hat mein Vater ihr immer abends geholfen, das Nachthemd anzuziehen. Aber meine Mutter wird immer störrischer, schnauzt ihn an, und es gibt nun ständig Krach zwischen den beiden.

Als ich zufällig eines Abends an ihrer Wohnungstür vorbeigehe, höre ich sie streiten. Mein Vater ist ganz offensichtlich verzweifelt, weil er es seiner Frau nicht recht machen kann. Ich höre nur Bruchstücke von seinen wütenden Worten, wie »Dann mach es doch allein« oder »So einen Deppen findest du eh nicht mehr«.

Das kann ich nicht ignorieren. Ich möchte doch so gern, dass meine Eltern einen Weg finden, das Schicksal zu akzeptieren. Mein Vater muss lernen, die Krankheit meiner Mutter anzunehmen, und vor allem muss er mehr Geduld für sie aufbringen. Den Streit, der unter Umständen droht zu eskalieren, kann ich nicht ignorieren. Es ist unmöglich, jetzt in unsere Wohnung zu gehen und den beiden nicht zu helfen. Das käme meines Erachtens einer unterlassenen Hilfeleistung gleich.

Ich atme tief ein, nehme all meine Kraft zusammen und gehe in die Wohnung meiner Eltern. »Hallo!«, rufe ich bewusst fröhlich.

Ich sehe meine Mutter schmollend in ihrem Rollstuhl sitzen, das Nachthemd halb über den Kopf gezogen. Mit beiden Armen versucht sie unbeholfen, sich zu bekleiden.

Mein Vater stürmt ins Schlafzimmer, als er mich hört. »Das kannst du vergessen!«, ruft er mir zu. »Deiner Mutter ist nicht mehr zu helfen. Die meckert nur.« Seine Stirn liegt in Falten. Er ist sehr, sehr wütend.

Ich gehe zu ihr, lege meine Hand auf ihren Arm, um sie zu beruhigen. »Mutti, ich bin es«, sage ich sanft zu ihr.

Sie schaut mich zwar an, aber ich bezweifle, dass sie

mich im Moment erkennt. Behutsam versuche ich, ihr das Nachthemd anzuziehen. Mit großen Augen sieht sie mich an.

Mein Vater zupft jetzt am Nachthemd seiner Frau herum, als ob er sie ärgern wollte.

»Was machst du denn da?«, frage ich ihn gereizt. »Kannst du bitte damit aufhören!«

Er macht meine Mutter nur wieder nervös.

»Ich will nur helfen«, raunt er.

»Aber du hilfst uns doch so nicht«, entgegne ich. »Lass mich das jetzt machen.«

»Es geht nicht. Das siehst du doch! Sie macht nicht mit«, sagt er störrisch.

»Kannst du uns vielleicht einfach mal allein lassen?«, bitte ich ihn.

Ich bin kurz davor zu schreien. Er ist so ungeduldig mit seiner Frau. Ich finde, es ist fast schon gemein. Mir ist klar, dass er jetzt beleidigt sein wird. Aber sein Verhalten ist irritierend. Er behindert mich mehr, als er hilft. Als meine Mutter endlich im Bett liegt, gehe ich zu ihm ins Wohnzimmer, um ihn zu besänftigen. Auf seinen unmöglichen Auftritt will ich ihn nicht ansprechen. Er schaut mir finster entgegen.

»Deine Mutter muss zum Arzt. Da stimmt was nicht!«, sagt er bestimmt.

»Vater. Wir wissen, was da nicht stimmt. Der Arzt kommt doch jede zweite Woche. Sie ist krank. Das weißt du doch!«, erkläre ich ihm. Geduld!, mahnt meine innere Stimme. Übe dich in Geduld!

Er blickt auf den Boden. Eine Zeit lang sagt er nichts. Gerade als ich mich verabschieden will, hebt er den Kopf und entgegnet: »Ja. Der Arzt kümmert sich nur um deine Mutter. Ich bin ja nicht mehr wichtig.«

Gut, denke ich. Beim nächsten Arztbesuch bin ich dabei. Dann werden wir sehen.

»Ach was, das kann ich mir gar nicht vorstellen«, sage ich. »Du bist total wichtig für uns alle. Aber Mutter ist sehr krank.«

Er tut mir leid, und doch strapaziert er gleichzeitig meine Nerven mit seinem Selbstmitleid, das immer mehr zunimmt. Es kommt mir langsam so vor, als ob er ständig versuchte, die Aufmerksamkeit auf sich zu ziehen.

Er lacht kurz auf, fällt aber einen Moment später wieder in sich zusammen. Weitere Worte erscheinen mir sinnlos.

Ich bin müde und sehne mich nach meiner Familie.

Kapitel 3

2006

Am Ende

Da meine Mutter zunehmend die Orientierung verliert, ihr Tages- und Nachtrhythmus nicht mehr stimmt und die Koordination nachlässt, ist Hilfe nicht nur bei der Morgenhygiene, sondern auch bei der alltäglichen Abendroutine dringend notwendig – und zwar ab sofort. Das ist mir nach dem Gespräch mit meinem Vater klar geworden.

Gleich am nächsten Tag versuche ich, den Pflegedienst anzurufen, doch entweder ist das Telefon belegt, oder es nimmt keiner ab. Immer wieder werde ich obendrein durch Kundenanrufe oder -besuche abgelenkt. Als ich das Büro des Pflegedienstes endlich erreiche, wird mir versprochen, dass ab sofort auch abends jemand vorbeikommt. Ich bewundere die Flexibilität, mit der die Mitarbeiter reagieren. Bestimmt ist die Gestaltung der Dienstpläne eine tägliche Herausforderung. Aber weiter will ich mich mit der Sache nicht mehr beschäftigen. Ich bin einfach nur dankbar, dass es so unkompliziert verläuft und dass ich nicht erneut ein zweiseitiges Formular ausfüllen muss.

Nach anfänglichen lauten Protesten hat meine Mutter die Pflegerinnen und deren Tun mittlerweile akzeptiert. Mein Vater zeigt hingegen weniger Verständnis für die häusliche Situation. Er betrachtet sich als Pfleger seiner Frau, ist aber die meiste Zeit selbst ein Pflegefall wegen der nervlichen Belastung, der er nicht mehr gewachsen ist. Er kann von meiner Mutter nicht loslassen und verursacht damit immer mehr Chaos.

Lachend sitzen wir auf dem Sofa. Wir sehen einen witzigen Film im Fernsehen und genießen den Abend. Lena liegt nach einem anstrengenden Schultag bereits im Bett und schläft tief und fest, als die Stimmen unten plötzlich lauter werden. Oh nein! Heute wollte ich nun wirklich mal einen entspannten Abend haben.

Ich sehe, wie Jens verstohlen zu mir hinübersieht. Er will wissen, wie ich reagiere. Die Stimme meiner Mutter klang zweifelsfrei sehr schrill. Ich stelle mich taub und versuche, dem Film weiter zu folgen. Das Lachen allerdings bleibt mir im Hals stecken, als im nächsten Moment jemand an unsere Wohnungstür klopft. Das kann ich natürlich nicht mehr ignorieren, und so gehe ich hin und öffne widerwillig. Ein sympathisch dreinblickender Mann in Pflegedienstkleidung lächelt mich unglücklich an.

»Guten Abend. Tut mir leid, dass ich Sie störe. Aber ich habe ein Problem«, erklärt er freundlich.

»Aha!« Mehr fällt mir in diesem Moment nicht ein. »Ich komm gleich«, entgegne ich und sage Jens kurz Bescheid.

Ein Stockwerk tiefer finde ich meine Mutter vor, die ungehalten auf der Couch sitzt. Die Arme hat sie vor der Brust verschränkt und blickt mir böse entgegen.

»Was gibt es denn für ein Problem?«, frage ich vorsichtig.

»Von einem Mann lasse ich mich nicht ausziehen!«, schleudert sie mir entgegen. »Das kommt überhaupt nicht infrage.«

Verlegen sehe ich den Pfleger an. »Tja, da haben wir wohl ein Problem«, sage ich zu ihm.

Wie blöde, dass plötzlich ein Mann zur Pflege kommt. Damit habe ich nicht gerechnet. Irgendwie kann ich meine Mutter ja verstehen, trotzdem bin ich sauer. Kann heute Abend nicht mal alles glattgehen? Wie oft bin ich abends schon nach unten gegangen, weil die Pflegerin, die natürlich nicht immer die gleiche ist, die Wäsche, den Kamm oder sonstige Dinge nicht gefunden hat und mein Vater sich weigert zu assistieren. Er fühlt sich schikaniert. »Dauernd muss ich herumlaufen und Sachen suchen«, beschwerte er sich kürzlich bei mir. Oft weiß er auch selbst nicht, wo sich das Gesuchte befindet. Ich verstehe ja, dass es lästig ist, ständig etwas zu suchen, das man gar nicht verlegt hat. Sein Augenlicht ist nicht besonders gut, was die Sache noch erschwert.

»Wie stellst du dir denn das jetzt vor?«, frage ich meine Mutter.

Aber sie hat überhaupt keine Vorstellung, außer der, dass sie sich auf gar keinen Fall von einem Mann das Nachthemd anziehen lassen will.

Es bleibt mir nichts anderes übrig, als den Pfleger unverrichteter Dinge weiterzuschicken. Dann werde ich Mutter eben helfen, das Nachthemd anzuziehen, denke ich. Auf die Waschzeremonie verzichten wir. Ich kann meine Eltern in den Arm nehmen, sie trösten und stundenlang mit ihnen reden. Aber ich kann nicht mit ihnen auf die Toilette gehen. Sie sind doch meine Eltern, und ich bin ihre Tochter. Zu so einer intimen Körperpflege bin ich nicht in der Lage.

Ich begleite den Pfleger zur Tür und bitte ihn, in Zukunft seine weiblichen Kollegen zu schicken. Dann eile ich zurück, denn ich höre schon, wie mein Vater schimpft.

»Keine Panik!«, rufe ich. »Mutti, ich helfe dir jetzt. Gemeinsam schaffen wir das schon.«

Doch ich habe mich getäuscht. Meine Mutter sieht gar nicht ein, dass sie jetzt ins Bett gehen soll.

»Nein. Ich will nicht! Ich gehe jetzt nicht ins Bett«, schimpft sie mit mir.

»Aber warum denn nicht?«, frage ich erstaunt.

So langsam kommt Verzweiflung in mir hoch. Es ist mittlerweile zehn Uhr, und ich bin hundemüde. Das Ende des Films habe ich jetzt auch versäumt. Es wäre wirklich schön gewesen, den Abend heute mit Jens vor dem Fernseher ausklingen zu lassen. So viele Abende verbringe ich mittlerweile im Erdgeschoss bei meinen Eltern.

»Ich bin doch kein kleines Kind mehr!«, faucht sie.

Und dann sagt sie nichts mehr. Sie verstummt. Die Hände schließt sie fest um ihren Stuhl und schaut mich herausfordernd an. Ich ahne, ich habe keine Chance mehr, ihr das Nachthemd anzuziehen.

Mein Vater rennt zwischenzeitlich im Schlafzimmer hin und her. Dabei ruft er immer wieder: »Stell dich nicht so an!« oder »Das ist ja nicht auszuhalten mit dir!«

Er ist mir keine Hilfe. Eigentlich macht er alles nur noch schlimmer, indem er so gereizt reagiert. Er setzt mich unter Druck. Ich merke, dass ich es allein nicht schaffe, ich fühle mich völlig hilflos. Meine Mutter ist ganz aufgeregt. So extrem habe ich sie noch nicht erlebt. Ich fühle mich total überfordert mit meinem schimpfenden Vater und der starrsinnigen Mutter, die sich jeglichem Zureden entzieht. Anscheinend fühlt sie sich persönlich angegriffen und geht auf Abwehr. Doch ich kann mich jetzt nicht mit ihr in Ruhe ins Wohnzimmer setzen, weil mein Vater so gereizt ist.

Ich begreife, dass ich diese Situation nicht mehr allein lösen kann, und rufe meinen Bruder an – Jens will ich nicht fragen, denn er hat schon genug um die Ohren mit meinen Eltern. Eine halbe Stunde später steht er dann auch in der elterlichen Wohnung. Zu zweit schaffen wir es, unserer Mutter das Nachthemd anzuziehen und sie ins Bett zu bringen. Allerdings nicht ohne Geschimpfe.

»Das verzeih ich dir nicht!«, ruft sie und: »Ich bin ja so enttäuscht von dir!«

Aber warum ist sie denn enttäuscht von mir? Ihre Worte verfolgen mich bis ins Bett. Ich starre in die Dunkelheit. Mach ich nicht alles für die beiden? Was kann ich denn noch tun? Ist es zu wenig? Jens ist noch einmal ins Büro gegangen. Als er endlich herunterkommt und sich neben mich legt, beruhige ich mich wieder etwas. Dennoch dauert es eine halbe Ewigkeit, bis ich einschlafen kann.

In den nächsten Wochen kommt kein männlicher Pfleger mehr zu meiner Mutter, dafür müssen wir uns mit den Zeiten des Pflegedienstes arrangieren. Selbstverständlich können die Pfleger nicht überall um halb neun morgens sein, ebenso wenig um zehn Uhr abends. Doch für meine Eltern ist das nicht nachvollziehbar. Entweder kommt der Pflegedienst zu früh: »Ich geh doch nicht um neun Uhr ins Bett!« oder er kommt zu spät und meine Mutter versucht, mithilfe meines Vaters selbstständig ins Bett zu gehen. Diese Versuche führen meist dazu, dass ich laute Stimmen oben höre und weiß, dass wieder etwas total schiefläuft.

Mittlerweile habe ich meine Besuche bei den Eltern auf drei Abende pro Woche reduziert. War es ein Jahr zuvor noch ganz amüsant, bei ihnen zu sitzen und zu plaudern, ist es mittlerweile nur noch anstrengend – entspannte Gespräche gibt es kaum mehr. Meine Besuche reduzieren sich darauf, die zwei bei Laune zu halten, bis der Pflegedienst kommt.

Und nach reiflicher Überlegung beschließen wir im Familienrat, dass baldmöglichst eine Pflegerin ins Dachgeschoss ziehen soll.

Es ist einer dieser Abende kurz nach dem Nachthemddilemma, an denen ich mir eigentlich vorgenommen habe zu entspannen. Es gelingt mir nicht wirklich. Immer wieder sehe ich auf die Uhr. Inzwischen ist es schon fast zehn Uhr, und der Pflegedienst war immer noch nicht da. Wo bleibt er denn nur wieder?

»Bin gespannt, wann der Stress da unten wieder losgeht«, sage ich zu Jens.

Er ist gerade auf dem Weg ins Dachgeschoss, um noch etwas aus dem Büro zu holen. Als er die Tür zum Treppenhaus öffnet, höre ich, wie mein Vater laut wird. »Jaaaaaa! Wir gehen ja jetzt!«, höre ich ihn rufen.

Jens steckt seinen Kopf wieder ins Wohnzimmer und verdreht die Augen. »Soll ich mal nach unten gehen?«, fragt er.

»Nein. Ich gehe schon«, stöhne ich.

Unten angekommen sehe ich, wie mein Vater gerade dabei ist, sich seine Schuhe anzuziehen.

»Wo willst du hin?«, frage ich ihn erstaunt.

»Weg! Deine Mutter will nach Hause«, blafft er mir entgegen.

Ich gehe zu ihr ins Wohnzimmer. Sie sitzt auf dem Sofa und versucht aufzustehen, was ihr aber nicht gelingt. Es fehlt ihr die Kraft. Sie fällt immer wieder rückwärts auf das Sofa.

»Was machst du denn?«, frage ich sie.

»Ich gehe nach Hause«, antwortet sie bestimmt.

»Aber Mutti! Du wohnst doch hier!«, sage ich.

Sie sieht mich ehrlich erstaunt an. »Was? Hier?«, fragt sie mich.

»Ja. Ganz bestimmt. Schau mal. Seit über dreißig Jahren ist das dein Zuhause«, erkläre ich ihr.

»Tatsächlich?«, fragt sie.

Dabei sieht sie sich um. Ihr Blick sucht nach vertrauten Gegenständen, die sie offenbar nicht finden kann.

Sie fragt mich: »Wem gehört denn das Haus?«

»Na, dir und deinem Mann«, erkläre ich.

Wie auf Kommando kommt mein Vater ins Zimmer. Er trägt einen Mantel und geht bestimmt auf seine Frau zu.

»Jetzt komm schon!«, fährt er sie an. »Gehen wir nach Hause!« Er zerrt an ihrem Unterarm und will sie hochziehen. Sein Gesicht ist dabei wie versteinert.

»Was soll das?«, frage ich ihn.

Er ist stocksauer auf meine Mutter. Höchstwahrscheinlich hat sie ihn schon den ganzen Abend mit ihrer Fragerei zermürbt.

»Vati, bitte! Das ist doch Quatsch. Das weißt du doch!«, versuche ich ihn zu beruhigen. Doch das bringt ihn noch mehr in Fahrt.

»Quatsch ist, was deine Mutter den ganzen Tag erzählt. Das hält doch kein Mensch aus«, schleudert er mir entgegen.

»Entschuldige mal!« Meine Mutter sieht meinen Vater vorwurfsvoll an. »Ich kann doch fragen, wem das Haus gehört.«

Mein Vater ist sprachlos. Er sieht sie an, dann sieht er wieder mich an, dann wieder sie. »Es ist alles sinnlos. Sie versteht nichts mehr«, murmelt er, geht zurück zur Garderobe und zieht sich wieder aus.

So stehe ich zwischen meiner total verwirrten, hilflosen Mutter, die überhaupt nichts mehr versteht, und meinem völlig entnervten, zutiefst frustrierten Vater und fühle mich ratlos. In diesem Moment klingelt es an der Tür. Der Pflegedienst kommt an diesem Abend genau zur richtigen Zeit.

Ich mache mich gleich auf den Weg zurück in unsere Wohnung. Schon wieder habe ich das Ende eines Films verpasst. Als ich zur Tür hereinkomme, macht Jens den Fernseher wie so oft sofort aus. Er hat auf mich gewartet.

»Was ist passiert?«, fragt er.

»Meine Mutter verliert ihre Erinnerung jetzt vollkommen!«, antworte ich.

Und im gleichen Moment wird mir bewusst, was ich da gerade ausgesprochen habe. Sie verliert nicht nur ihre Erinnerung, sie verliert uns, sie verliert ihren Mann, sie verliert einfach alles, und zum Schluss verliert sie sich selbst. Kaum dringt diese Erkenntnis in mein Bewusstsein, kann ich meine Tränen nicht mehr zurückhalten. Ich beginne, hemmungslos zu weinen.

Meine Mutter wird im Laufe der Wochen immer verstörter. Eine unglaubliche Unruhe beherrscht ihren Geist sowie ihren Körper. Sie, die immer die Geduld in Person war, wird fordernd und aufsässig, um im nächsten Moment wieder ängstlich und verstört zu sein. Es ist schrecklich zuzusehen, wie sie leiden muss.

Ich stelle mir vor, dass sie gefangen ist in einem kranken Geist, der keine Zusammenhänge mehr herstellen kann. Es gibt Tage, da ist sie felsenfest davon überzeugt, im falschen Haus zu leben. Jeden, der vorbeikommt, fragt sie, ob er sie nach Hause bringen kann. Dann hat sie wieder Tage, an denen sie zutiefst traurig ist und jeglichen Lebensmut verloren hat. Sie weiß genau, dass etwas mit ihr nicht mehr stimmt, weint ununterbrochen und will eine Antwort auf die Frage: Was ist nur los mit mir? Doch die Diagnose Demenz, die die Ärzte vor geraumer Zeit gestellt und ihr mitgeteilt haben, hat sie längst vergessen. In ihrem jetzigen Zustand würde sie auch nicht mehr verstehen, was ihr fehlt. So versuche ich ihr zu vermitteln, dass sie altersgemäß Probleme mit dem Gedächtnis hat. Was bleibt mir anderes übrig?

Später ist sie wütend, weil sie nicht glaubt, was man ihr erzählt. Sie wisse genau, dass sie hier nicht wohne, sagt sie. Sie ist überzeugt davon, dass wir sie alle anlügen und eine große Verschwörung gegen sie stattfindet.

Seit Neuestem bittet sie den Arzt, sie mitzunehmen. Sie würde so gern bei ihm wohnen, erklärt sie. Eigentlich ist es ein bisschen lustig, aber in Wahrheit ist es entsetzlich, was in ihr vorgeht.

Hilferufe in der Nacht

Die Probleme wachsen im Laufe der Wochen zu einer schier unüberwindbaren Hürde an. Nicht nur meine Mutter verändert sich bedingt durch ihre Demenzerkrankung, sondern auch mein Vater, der damit leben muss. War er die meiste Zeit seines Lebens liebevoll, humorvoll und vielseitig interessiert, entwickelt er sich zusehends zu einem nervösen und verbitterten Mann, der immer weniger auf seine Vernunft zu hören scheint. Seine Stimmungsschwankungen sind enorm. Je nach Tagesverlauf ist er entweder hochdepressiv oder extrem zynisch und bissig. Seit Wochen habe ich ihn nicht mehr nett erlebt. Ständig schimpft er über die Pfleger, Ärzte, über die Familie oder über die Wissenschaft, die es bisher nicht geschafft hat, den Alterskrankheiten und dem Leiden Herr zu werden. Immer mehr verfällt er der Idee, dass die Alten der Gesellschaft nur noch lästig sind und sie sich derer entledigen will.

Die Besuche werden immer mühsamer. Zu Beginn des Gespräches laufen alle Bemühungen darauf hin, meinen Vater zu besänftigen. Erst danach gelingt es, die Themen in eine positive Richtung zu lenken. Meine Mutter hingegen ist dazu übergegangen, ihnen Mann zu ignorieren. Ob sie ihn nicht mehr erkennt oder ob sie müde von seinem Geschimpfe ist, kann ich nicht beurteilen, doch ihre Augen sind leer und ausdruckslos. Das einstige Leuchten darin ist verschwunden. Immer wieder sehe ich die pure Panik in ihrem Gesicht, wenn sie ganz offensichtlich ihre Orientierung Raum und Zeit betreffend verloren hat. Dann vertraut sie niemanden mehr – und schon gar nicht mir.

Ich schrecke aus meinem Schlaf hoch. Was war das?

»Hiiiiilfe!«, höre ich jemanden rufen. Eine hohe, dünne Stimme.

»Haaaaalooooo! Ist da jemand? Hiiiilfe!«

Oh Gott. Das ist ja meine Mutter!, denke ich. Sofort springe ich aus dem Bett und eile in das Schlafzimmer meiner Eltern.

Meine Mutter versucht gerade, sich aufzusetzen. Seit geraumer Zeit schläft sie in einem Pflegebett im Schlafzimmer. Ein Pflegebett hat den Vorteil, dass es über verschiedene technische Vorrichtungen verfügt, die sich den besonderen Bedürfnissen der Patienten anpassen. Sie erleichtern das Aufsetzen oder Aufstehen und erfüllen hohe hygienische Ansprüche. Zudem kann die Liegefläche während der Pflege auf eine bestimmte Arbeitshöhe eingestellt werden. Mein Vater, der jetzt auch aufwacht, nächtigt weiterhin im Ehebett. Doch der Umzug seiner Frau ins Pflegebett war eine emotionale Herausforderung für ihn. Er hat das Gefühl, als ob alles Stück für Stück zusammenbräche. Ein Ende in vielen kleinen Phasen.

»Mutti, warum rufst du denn?«, frage ich.

Schnell schließe ich alle Fenster. Was, wenn die Nachbarn das hören? Da ruft nachts jemand um Hilfe. Was müssen die denken? Ich weiß nicht einmal, ob sie von der Krankheit der Mutter wissen. Außerdem sorge ich mich, dass der Verdacht aufkommt, ich kümmere mich nicht genug um sie.

Es ist Mitternacht. Wir sind vor einer Stunde ins Bett gegangen. Ich bin hundemüde und sehne mich nach Schlaf.

Von meiner Mutter kommt keine vernünftige Antwort. Aber es ist offensichtlich, dass sie nicht mehr im Bett bleiben will. Immer wieder versucht sie, sich aufzurichten. Der wievielte Abend ist das eigentlich, dass ich schon wieder hier stehe? Ich kann nicht schlafen, weil ich nach meiner Mutter sehen muss, oder ich kann nicht schlafen, weil ich mir solche Sorgen mache. Der ständige Schlafentzug zerrt an meinen Nerven.

»Mutti! Kannst du bitte im Bett bleiben?! Es ist Mitternacht, und wir wollen schlafen«, schimpfe ich im Flüsterton.

Im nächsten Moment steht mein Vater hinter mir. Ich erschrecke mich zu Tode. Gerade lag er doch noch im Bett.

Er packt Mutter an der Schulter, schüttelt sie und sagt: »Schlaf jetzt wieder!« Dann versucht er, sie auf das Bett zurückzudrücken.

»Das hat doch keinen Sinn«, sage ich und schiebe ihn unsanft zur Seite. Dass er auch noch aggressiv reagiert, wirkt nicht gerade beruhigend auf mich.

Hektisch sucht meine Mutter ihren Bademantel, der am Ende des Bettes hängt. Sie ist wild entschlossen aufzustehen. Ganz gleich, was ich sage, sie hört mich nicht. Nach einer halben Stunde gebe ich auf, um die Pflegerin zu holen, die seit Kurzem im Dachgeschoss ein Zimmer mit Bad bewohnt. Die körperlichen Gebrechen meiner Mutter haben sich nicht weiter verschlimmert, aber mit ihrem geistigen Zustand ist mein Vater allein überfordert – obwohl die Haushaltshilfe seit einiger Zeit täglich kommt, um zu kochen und zu putzen und all die Arbeiten zu verrichten, die im Haushalt anfallen.

Wir sind froh, dass es, mithilfe einer Agentur zwar, aber auf legalem Weg, möglich war, statt der Haushaltshilfe eine bezahlbare Pflegekraft, die im Haus lebt und sich tagsüber um meine Eltern kümmert, zu bekommen. Sie ist für den Haushalt und die Betreuung während des Tages zuständig. Sie macht das Frühstück, wäscht die Wäsche und kocht für meinen Vater und meine Mutter. Regelmäßig geht sie mit den beiden spazieren oder unterhält sich mit meinem Vater, der eigentlich selbst auch längst ein Pflegefall ist. Er wäscht sich zwar allein, aber er braucht Ansprache und Betreuung. Damit die bei uns lebende Pflegerin nicht überlastet wird mit den recht umfassenden Aufgaben, haben wir den ambulanten Pflegedienst beibehalten. Er übernimmt weiter die morgendliche und abendliche Körperpflege meiner Mutter.

Die Pflegerin hat feste Arbeitszeiten, und die Nächte gehören definitiv nicht dazu. Ich gehe dennoch nach oben und klopfe leise an ihre Zimmertür.

»Tessa?«, frage ich.

»Ja?«

Sie ist wach. Gott sei Dank! Ich bin erleichtert.

»Entschuldige, aber ich weiß nicht, was ich mit Mutter machen soll«, erkläre ich ihr meine Not.

»Kein Problem«, gibt sie zurück. »Ich komme!«

Es ist mir ziemlich peinlich, sie mitten in der Nacht zu stören. Aber ich bin sicher, sie weiß einen Weg. Und tatsächlich hat sie die Situation schnell im Griff. Damit mein Vater wieder schlafen kann, nimmt sie meine Mutter mit in die Küche. Dort bekommt sie einen Tee, damit sie sich beruhigt.

Beruhigt gehe ich wieder hoch. Schlafen kann ich jetzt allerdings nicht sofort, also lese ich noch bis drei Uhr morgens. Irgendwann falle ich dann in einen unruhigen Schlaf. In meinem Traum ruft ständig jemand um Hilfe.

Da mein Vater seit einiger Zeit immer wieder vergisst, die Haustür zu schließen, lassen wir einen automatischen Türschließer anbringen. Das ist zwar eine prima Idee, führt allerdings dazu, dass er sich des Öfteren ausschließt, wenn er nach draußen geht.

So auch an diesem Morgen. Ich bin noch im Bad. Es ist halb sieben. Ich höre, wie die Haustür geöffnet wird und wieder ins Schloss fällt. Durch die Jalousie spähe ich nach draußen und sehe meinen Vater zum Briefkasten gehen. Er öffnet den Deckel, nimmt die Zeitung heraus und schlurft wieder zurück. Kurz darauf höre ich, wie unten an der Haustür gerüttelt wird. Aha! Er hat vergessen, den Schnapper zu entriegeln. Das Rütteln an der Haustür wird lauter.

»Scheiße!«, entfährt es mir.

Ich weiß, wenn er weiter so einen Krach macht, wird meine Mutter wach. Das bedeutet, dass sie ruft, und das Chaos ist perfekt.

Ich wickle mich in mein Handtuch, rase nach unten und öffne die Tür. Am liebsten hätte ich meinem Vater sonst etwas an den Kopf geknallt. Aber er steht ganz eingeschüchtert da, wohl wissend, dass er unbedacht gehandelt hat. »Entschuldigung, Martina!«, murmelt er.

»Kein Problem«, erwidere ich. Meine Wut ist schon wieder verraucht.

»Bitte denk doch dran, den Türschnapper zu entriegeln, wenn du rausgehst«, bitte ich ihn. Ich zeige es ihm noch einmal an der Tür.

»Jaja! Ich weiß schon«, antwortet er schon nicht mehr so freundlich.

Kaum bin ich wieder im Bad, höre ich, wie er erneut

nach draußen geht. Was macht er denn jetzt?, denke ich und sehe aus dem Fenster. Da geht er doch tatsächlich wieder zum Briefkasten, öffnet ihn, schließt ihn und geht zurück. Natürlich jetzt ohne Zeitung, denn die liegt ja schon in der Wohnung. Doch dieses Mal hat er den Schnapper umgestellt, denn ich höre, wie er ins Haus kommt. Kopfschüttelnd ziehe ich mich an und frühstücke mit meiner Familie.

»Bin mal gespannt, ob das jetzt ein Dauerzustand wird«, raune ich meinem Mann zu.

»Was meinst du denn?«, fragt er.

Jens hat offenbar nichts mitbekommen. Ich erzähle ihm kurz, was passiert ist, habe aber für ein längeres Gespräch keine Zeit mehr. Lena muss zum Zug, der sie zur Schule bringt. Wir sausen also nach unten, wie fast jeden Tag viel zu hektisch. Und da geht die Wohnungstür schon wieder auf.

»Guten Morgen«, brummelt mein Vater.

»Hallo, Opa!«, ruft Lena.

Sie freut sich immer, ihren Großvater zu sehen. Die beiden haben ein besonders inniges Verhältnis. Obwohl ich sehen kann, dass er sehr schlecht gelaunt ist, ringt er sich ein Lächeln für Lena ab. Er läuft mit uns nach draußen, aber ich will gar nicht sehen, wo er hinläuft. Ich gehe schnurstracks in die Garage zu unserem Auto, steige ein und lege den Rückwärtsgang ein. Ein Blick in den Rückspiegel erspart mir eine Katastrophe. Mein Vater steht mitten in der Einfahrt und schleicht in Richtung Briefkasten. Ich warte, bis er die Einfahrt freimacht, und fahre dann vorsichtig raus.

»Mann! Das war knapp!«, sage ich zu meiner Tochter.

Mein Vater hat mich an diesem Morgen schon ziemlich Nerven gekostet. Auf dem Weg zur Arbeit überlege ich, wie ich die Sache mit der Tür ändern kann.

In der darauffolgenden Woche kommt der Schlosser und baut uns einen Drehknopf ein. So kann der Schnapper immer unten bleiben, denn die Tür wird von innen mit dem Drehknopf geschlossen. Wenigstens sperrt mein Vater sich jetzt nicht mehr aus. Doch seine Unruhe wächst mit jedem Tag. Offenbar wacht er schon gegen sechs Uhr auf, denn von halb sieben bis zu dem Zeitpunkt, an dem wir aus dem Haus gehen, rennt er mindestens fünfmal zum Briefkasten.

»Warum macht Opa das?«, fragt Lena eines Morgens, während wir am Frühstückstisch sitzen und die Tür zum wiederholten Male zuknallt.

»Keine Ahnung!«, fahre ich meine Tochter an. »Frag doch deinen Opa selbst!«

Jens wirft mir einen warnenden Blick zu.

»Vielleicht ist ihm langweilig«, versuche ich meine etwas harschen Worte abzumildern. »Er wartet auf Tessa, nehme ich an.«

Die Pflegerin beginnt erst um acht Uhr mit ihrem Dienst. Aber die zwei Stunden bis dahin entwickeln sich zu einem echten Problem. Wir werden auch hierfür eine Lösung finden müssen, denke ich.

Gemeinsam mit Lena gehe ich aus dem Haus. Mein Vater steht schon in der Einfahrt und geht mit uns zum Garagentor.

»Guten Morgen!«, rufen wir ihm fröhlich zu.

»Alles okay bei dir?«, frage ich, während ich ins Auto steige.

Er lacht kurz auf. »Jaja! Wünsch euch einen schönen Tag!«, ruft er und blickt uns hinterher. Und dann hebt er die Hand und winkt.

Fast so wie früher, denke ich. Da hat er auch immer so gewunken, wenn der Sonntagsbesuch wegfuhr. Tränen steigen mir in die Augen. Verdammt, was ist nur aus ihm geworden? Manchmal kann er so nett sein – so wie er es damals fast immer war.

Ja, das ist noch nicht allzu lange her. An seinem achtzigsten Geburtstag sah er immer noch wie siebzig aus. Er las täglich zwei Tageszeitungen, hörte stündlich Radio und war ein großer Fan von Dieter Hildebrandt. Die Alten, wie er sie nannte, die immer nur meckerten, fand er schrecklich. Man(n) selbst solle sich nicht so wichtig nehmen, war sein Motto. Nur wenige Jahre später ist das alles vergessen. Einige seltene Momente mit seinem ansteckenden Lachen, gepaart mit dem spitzbübischen Blitzen in seinen Augen, sind geblieben.

Ich weiß, dass ich den Moment gerade fest in mein Gedächtnis einschließe.

Wut

An einem sonnigen Samstag ist es mal wieder so weit. Die tausend Quadratmeter große Rasenfläche muss gemäht werden. Schon heute weiß ich, dass ich später keinen solch großen Garten haben werde. Die Unmengen von gemähtem Gras, mit denen man nie weiß, wohin, der Treibstoffgestank des Rasenmähers und die vielen Mückenstiche, die man dabei abbekommt, sind hauptsächlich dafür verantwortlich, dass ich diesen Job nie mochte. Doch das nützt mir heute nichts. Der Rasen ist schon sehr hoch, was das Mähen schwieriger macht.

Ich sehe auf die Uhr. Es ist drei. Die Pflegerin müsste ihre Mittagspause beendet haben und jetzt schon bei den Eltern sein. Auf keinen Fall will ich Mutter oder Vater wecken, solange sie noch ruhen. Und tatsächlich höre ich Tessa in der Wohnung meiner Eltern munter plappern, während ich die Treppe hinuntergehe. Also schnappe ich mir gleich den Rasenmäher und fange an. Nach einer Weile nehme ich wahr, dass mein Vater auf der Terrasse sitzt und sich die Ohren zuhält. Schon wieder, denke ich! Kann er sich nicht mal freuen, wenn ich diese Arbeit für ihn erledige? Meint er vielleicht, ich würde seinen Rasen zu meinem Vergnügen mähen? Anscheinend ist ihm völlig entgangen, dass ich diese Aufgabe für ihn erledige.

Irritiert stelle ich den Motor ab, werfe meine Gartenhandschuhe weg und stapfe zu ihm. Seit Beginn des Sommers macht er das Theater. Sein Missfallen tut er kund, indem er kopfschüttelnd durch die Gegend läuft oder sich die Ohren zuhält.

»Kannst du mir mal sagen, wieso du dir die Ohren zuhältst?«, fahre ich ihn an.

Er schüttelt den Kopf hin und her und fragt: »Wie oft willst du den Rasen eigentlich mähen?«

In dem Moment fährt die Pflegerin meine Mutter im Rollstuhl auf die Terrasse. Ihr Zustand wird mit jedem Tag schlechter. Ich bezweifle, dass sie mich noch erkennt.

»Hallo!«, ruft sie mir zu. »Können Sie mich bitte nach Hause bringen?«

»Das hält doch kein Mensch aus!«, wettert mein Vater.

Die Pflegerin lächelt mich mitleidig an.

»Die redet den ganzen Tag so einen Schmarrn!«, fährt mein Vater fort. Dabei zeigt er mit dem Finger auf seine Frau. Wieder zu mir gewandt schimpft er: »Und jetzt muss ich auch noch den Lärm ertragen! Hat man denn hier nie seine Ruhe?«

Tessa versucht, die Situation zu retten, indem sie sagt: »Jetzt gibt es erst einmal Kaffee!«

Lächelnd schenkt sie meinem Vater eine Tasse Kaffee ein und nickt ihm aufmunternd zu. Doch seine Laune ist nicht mehr zu retten.

Er brüllt meine Mutter an. »Du bist hier zu Hause! Hör endlich auf mit deiner blöden Fragerei!«

Meine Mutter sieht ihn an und macht etwas Unglaubliches. Sie nimmt ihren Zeigefinger und tippt sich an die Schläfe. Ihre Augen sind direkt auf meinen Vater gerichtet. Ich kann gar nicht glauben, was ich da sehe. Jetzt sieht sie mich an und wiederholt die Geste.

»Wer ist der Mann?«, fragt sie.

Diese Situationskomik kann ich trotz Wut im Bauch nicht mehr ignorieren. Ich beginne, laut zu lachen. Mein Vater dagegen findet das Verhalten seiner Frau überhaupt nicht komisch. Er knallt die Tasse auf den Tisch und stapft beleidigt in die Wohnung.

Egal, denke ich. Mir reicht es für den Moment. So gehe ich zurück zum Rasenmäher und mache mich an die Arbeit. Lena und Jens sind schon am See. Ich beeile mich, um schnell nachfahren zu können. Auf der Terrasse kümmert sich Tessa um meine Mutter. Mein Vater ist mittlerweile aus der Wohnung zurück und hält sich wieder die Ohren zu. Zum Lachen ist mir jetzt nicht mehr zumute.

Die Szenerie schlägt mir aufs Gemüt. Ein Dankeschön hätte dafür gesorgt, dass ich die Gartenarbeit gern erledige, stattdessen ernte ich nur Vorwürfe. Mit einem wahnsinnigen Tempo mähe ich weiter. Der Schweiß steht mir auf der Stirn. Der Nachbar, der über den Zaun späht, beobachtet mich verstohlen. Vermutlich fragt er sich, was in mich gefahren ist. Ich bin so sauer, dass ich jeden ummähen könnte, der sich mir jetzt in den Weg stellt. Es ist so ungerecht, denke ich mir. Egal, was ich mache, es ist nie recht. Dauernd wird geschimpft und gemeckert. Ich überlege, wie ich dieser Situation entfliehen kann. Doch mir will nichts einfallen.

Als ich später meine Familie treffe, bin ich immer noch schlecht gelaunt. Jens und Lena müssen einiges aushalten. Ich bin wütend und ungerecht. Immer wieder kommt es zu kleinen Streitigkeiten.

Lena bringt es auf den Punkt: »Du musst deine Laune nicht an uns auslassen!«, schimpft sie.

Ich weiß, dass sie recht hat, weiß mir aber nicht zu helfen. Angriff ist die beste Verteidigung, denke ich, also schieße ich zurück: »Ihr hättet mir ja heute helfen können!«

»Entschuldige«, mischt sich Jens jetzt ein. »Du wolltest doch, dass wir baden gehen. Das hast du doch heute Morgen gesagt.«

»So? Hab ich das?«, frage ich. Jetzt muss ich aber die Kurve kriegen, schießt mir durch den Kopf. »Gut. Dann tut es mir jetzt leid«, brumme ich und gehe beleidigt ins Bett.

Die unterschiedlichen Stresssituationen bei meinen Eltern belasten unsere Ehe mehr und mehr. Viel zu oft bin ich ungehalten, jede Kleinigkeit bringt mich auf. Zu alldem kommt der Behördenkram. Jeden dritten Tag kommt ein Schreiben, das ich beantworten muss. Eine neue Pflegestufe muss beantragt, Arztrechnungen an die unterschiedlichen Kassen müssen eingereicht werden – und nicht zu vergessen die vielfältige Korrespondenz mit den Versicherungen und Banken. Stück für Stück übernehme ich die komplette Organisation des Lebens meiner Eltern.

Erst am vergangenen Abend habe ich Stunden damit verbracht, die Rechnungen der letzten zwei Monate bei der Krankenkasse einzureichen – was einem Spießrutenlauf glich. Jede Rechnung muss von Hand auf ein Formular übertragen werden, mit Patientennamen und Datum. Nicht selten wünsche ich mir, die Eltern wären gesetzlich versichert. Gegen diesen Verwaltungsaufwand scheint es ein Leichtes, mit der Versichertenkarte zum Arzt zu gehen und schlimmstenfalls einen Überweisungsschein zu organisieren. Noch schwieriger gestaltet sich das Zusammentragen der Daten. Ganz gleich, welche Formulare ausgefüllt werden müssen, mal braucht man die Versicherungsnummer, mal die ID-Nummer oder die Kontonummer. Da mein Vater die Dinge nach und nach an mich übergeben hat, fehlen mir viele Unterlagen, so muss ich sie erst mühsam zusammentragen. Er weiß nicht mehr genau, wo das eine oder andere liegt, oder ob er es mir vielleicht schon gegeben hat. Es gab nie eine geordnete Übergabe. Alles passiert irgendwie nebenbei im Alltag. Und da mein Leben immer mehr drunter und drüber geht, habe auch ich nicht die Möglichkeit, Struktur hineinzubringen.

Ich sehne mich nach etwas Ruhe und Harmonie, doch daran ist nicht zu denken.

»Hallo!«, schallt es durchs Haus. Ich kann es bis oben hören. »HAAAAALOOOOO! Wieso kommt denn niemand?«

Es ist nicht das erste Mal, immer wieder ruft meine Mutter. Sie wird zunehmend unruhiger und braucht noch mehr Aufmerksamkeit. Rief sie vor einigen Monaten allerdings noch freundlich um Hilfe, wird ihr Ton jetzt aggressiver.

Ich sitze auf dem Balkon und gönne mir einen Kaffee, versuche zu ignorieren, was ich höre, als es unten plötzlich laut kracht. Nachdem es seit Monaten nur noch Ausnahmesituationen bei den Eltern gibt, würde ich am liebsten meine Ohren weiter verschließen. Dennoch beuge ich mich über die Balkonbrüstung. Ich sehe meine Mutter im Rollstuhl am Fenster sitzen. Wild fuchtelt sie mit ihren Armen.

Als ich ihre Verzweiflung sehe, überlege ich spontan, ob ich mich jetzt einfach fallen lassen soll. Ich kann es nicht mehr ertragen. Diese wütende Frau dort unten ist doch in keiner Weise mehr meine Mutter, denke ich. Wo ist sie nur geblieben, diese lebenslustige, stets gut gelaunte Frau, die immer Zeit für uns hatte?

Eine unglaubliche Müdigkeit übermannt mich. Das Gefühl, dass alle Bemühungen ins Leere laufen und es nicht gelingt, meinen Eltern den Lebensabend zu verschönern, macht mich für einen Moment lebensmüde.

»Mama!«, ruft Lena. Sie sitzt in ihrem Zimmer und hat das Theater im Erdgeschoss auch gehört. »Mama, schau doch mal nach Oma. Da unten poltert es so!«

Ich erschrecke über meine eigenen Gedanken und richte mich schnell wieder auf. Was habe ich da nur gefühlt? Es geht doch immer weiter. Ich muss nach vorn schauen.

»Ja. Hast recht. Ich lauf mal runter«, sage ich.

Mit einem Seufzer gehe ich in die Wohnung meiner Eltern. Ich finde die Pflegerin auf dem Boden kniend vor. Sie sammelt zerbrochenes Glas auf.

»Martina!«, empfängt sie mich. Der verzweifelte Gesichtsausdruck sagt alles. »Deine Mutter hat ein Glas an die Wand geworfen.«

Ich erfahre, dass Tessa meinem Vater die Haare gewaschen hat und nicht gleich zur Mutter gehen konnte, als diese rief. Das war also der Grund, warum sie so ungeduldig wurde. Tessa fängt an zu weinen. Ihre Nerven liegen blank. Ich versuche, sie zu beruhigen.

»Ich spreche mit dem Arzt darüber. Es muss doch etwas geben, das Mutter etwas ruhiger werden lässt«, sage ich.

Mein Vater sitzt noch im Bad. Mit seinen Händen tastet er das Waschbecken ab.

»Vati, suchst du was? Kann ich dir helfen?«, frage ich.

»Ja!«, raunt er. »Ich sehe nichts. Bin ja blind. Wo ist denn mein Kamm?«

Der Kamm liegt genau vor ihm. Erstaunt gebe ich ihm den Kamm. Wie kann das sein, dass er den nicht sieht? Ist er über Nacht völlig erblindet?

»Scheint ja keiner mehr Zeit für mich zu haben«, sagt er. »Mutter ist ja immer wichtiger.«

Ich versuche ihm zu erklären, dass sie krank ist und nichts für ihr Benehmen kann. Und dass es nicht darum geht, auf der Rangliste der Wichtigkeit ganz oben zu stehen.

»Jaja! Ich kann es nicht mehr hören. Immer erzählt ihr mir das Gleiche«, wettert er. »Ich bin auch krank. Aber das interessiert ja kaum jemanden.« Er lacht verbittert auf.

Ich ringe innerlich mit mir. Soll ich ihn fragen, was er hat? Wo es weh tut? Aber will ich nicht lieber nach oben und meinen Kaffee trinken? Doch! Also frage ich ihn nicht, ich schleiche mich fort.

Für meinen Vater wird es immer schwieriger. Offenbar fühlt er sich zurückgesetzt neben seiner schwer kranken Frau. Wie kann ich beiden gerecht werden? Zum ersten Mal denke ich darüber nach, dass eine Trennung meiner Eltern die Situation unter Umständen entschärfen würde.

Am Abend rufe ich meinen Bruder an, der mittlerweile die aufwendige Koordination der Ärzte übernommen hat, und bitte ihn, mit einem der Ärzte zu sprechen. Es muss doch zunächst eine medikamentöse Lösung geben, um unsere Mutter wieder ruhiger werden zu lassen. Er verspricht mir, sich darum zu kümmern, und will sich wieder melden.

Mittags»ruhe«

Durch die Pflegerin Tessa, die mittlerweile einige Monate bei uns ist, hat sich die Lage etwas entspannt. Zumindest was die Betreuung der Eltern betrifft. Die Unzufriedenheit meines Vaters wächst jedoch weiter mit dem Zerfall seiner Frau. Es fällt ihm zunehmend schwerer, noch etwas Positives in seinem Leben zu finden. Obwohl er stets von Tessa umsorgt wird, kann das seinen Groll nicht mindern. Mal ist das Bier zu warm, mal meine Mutter zu laut oder das Mittagessen schmeckt nicht. Wenn ihm gar nichts mehr einfällt, dann schimpft er über die schlecht gelaunten Pfleger, die angeblich nicht sorgsam genug arbeiten.

Stets gehe ich seinen Hinweisen nach, um dann festzustellen, dass sie unbegründet sind.

Tessa hat feste Arbeitszeiten, womit alle bislang gut zurechtkamen. Nach dem Mittagessen halten meine Eltern zeit ihres Lebens ein Mittagsschläfchen, was bisher nie mit Schwierigkeiten verbunden war. So kann Tessa von eins bis drei in die Pause gehen. Sie nutzt die Zeit oft für einen Spaziergang oder einen Besuch bei Freunden oder Bekannten. Doch seit geraumer Zeit sind bei meiner Mutter Wach- und Schlafrhythmus durcheinander, was medikamentös noch nicht geregelt ist.

Heute hatte Lena etwas früher schulfrei, und auch ich bin schon gegen ein Uhr nach Hause gekommen. Schnell habe ich uns etwas gekocht, jetzt quälen wir uns mit einer schwierigen Matheaufgabe. Mir raucht der Kopf von den Zahlen. Weder Lena noch ich verstehen, wie der Mathelehrer auf das Ergebnis kam. Leider fehlt auch der Lösungsweg im Heft.

»Warum hast du dir den denn nicht aufgeschrieben?«, schimpfe ich mit meiner Tochter. Sie ist mittlerweile auf dem Gymnasium und braucht meine Unterstützung beim Lernen.

»Hat der nicht an die Tafel geschrieben«, sagt sie und malt kleine Kreise auf die Heftseite.

»Kannst du mal damit aufhören?«, fahre ich sie an. »Überleg lieber, was ihr in der Schule besprochen habt!« Ich bin erschöpft von der Arbeit und möchte jetzt gar nicht mit meiner unwilligen Tochter Hausaufgaben machen.

In diesem Augenblick klingen wieder mal laute Stimmen aus dem Treppenhaus zu uns hoch. Es ist halb drei, und ich habe Tessa zu einem Spaziergang aufbrechen sehen.

»Nein! Ich gehe jetzt nicht nach unten!«, sage ich.

»Warum denn nicht?«, fragt Lena ahnungslos.

»Weil es schon wieder Ärger gibt. Ich höre das«, erkläre ich meinen Unmut.

Ich stehe auf und rufe nach Jens, der oben im Büro arbeitet.

»Was gibt's denn?«, will er wissen.

»Hast du nichts gehört?«, frage ich.

»Nö«, meint er, kommt herunter und holt sich einen Schluck Milch aus dem Kühlschrank.

Inzwischen ist Lena mir und der unangenehmen Matheaufgabe entwischt. Sie ist in ihr Zimmer geflüchtet.

»Lena! Bitte mach jetzt deine Hausaufgaben! Wenn ich aufstehe, heißt das noch lange nicht, dass du fertig bist!«, weise ich sie zurecht.

Schon im nächsten Moment höre ich meinen Vater im Treppenhaus poltern. Es hört sich an, als ob er mit dem Rollstuhl der Mutter herumhantieren würde.

Jens und ich gehen schnell nach unten, um zu sehen, was los ist. Und tatsächlich versucht mein Vater, seine Frau aus dem Haus zu schieben.

»Wo willst du denn hin?«, frage ich. Draußen ist es kalt, und meine Mutter hat weder Jacke noch Mütze an.

»Nur raus! Ich halt es nicht mehr aus mit ihr. Dauernd will sie nach Hause!«, schimpft er. Dabei knallt er immer wieder den Rollstuhl gegen den Türrahmen.

»Kannst du bitte damit aufhören?«, rufe ich und halte den Rollstuhl fest.

Meine Nerven sind bis aufs Äußerste gespannt. Oben die

Tochter, die keine Lust auf Hausaufgaben hat, und hier unten der Vater, der gleich durchdreht.

»Du kannst so mit Mutter nicht rausgehen!«

»Ich gehe mit ihr«, beschwichtigt Jens.

Er sieht meinen zornigen Gesichtsausdruck und will mich entlasten. Ich sehe ihn an und bin erleichtert.

»Soll mir recht sein«, sagt mein Vater, dreht sich um und verschwindet in der Wohnung.

»Mutter braucht aber eine Jacke und eine Mütze«, rufe ich ihm nach.

Im gleichen Moment schießt mein Vater wieder aus der Wohnung. Er hält ein paar Anziehsachen in der Hand. Hektisch versucht er, seiner Frau eine Jacke überzuziehen. Er zerrt an ihrem Arm, und als es nicht gleich klappt, weil sie den Arm nicht hebt, wird er extrem ungeduldig. Ich greife nach seiner Hand, damit er aufhört.

»Bitte!«, sage ich, »ich mache das!«

Da nimmt er die Mütze und stülpt sie über ihren Kopf, zieht sie dabei so weit nach unten, dass ihr Gesicht komplett verdeckt ist. Dann dreht er sich um und rauscht davon. Ich bin entsetzt, wie er mit seiner Frau umgeht.

Jens befreit meine Mutter von der Mütze und schiebt den Rollstuhl aus dem Haus.

Mir wird klar, dass mein Vater mit der Situation nicht mehr zurechtkommt. Er ist nervlich am Ende, weil seine Frau den ganzen Tag redet, ruft und fantasiert. Ich folge ihm in die Wohnung.

»Vater, das geht so nicht! So kannst du mit Mutter nicht umgehen«, beginne ich das Gespräch. »Du machst uns alle ganz verrückt mit deinen Aktionen.«

»Du hast ja keine Ahnung, wie das ist, wenn sie die

ganze Zeit weg will. Ständig redet sie auf mich ein!«, klagt er.

Wenn meine Mutter sich etwas einbildet, kann man mit vernünftigen Argumenten nichts mehr ausrichten. Weder mein Vater noch ich haben eine Ahnung, wie man mit einem demenzkranken Menschen umgeht. Es scheint, als ob sie sich immer mehr in eine Sache hineinsteigert, wenn man ihr widerspricht. Dann gibt es keine Chance mehr, zu ihr durchzudringen.

Offensichtlich kann mein Vater damit nicht mehr umgehen. Er kann nicht mehr mit meiner Mutter allein sein. Anscheinend hat sie in der Mittagspause mal wieder kaum geschlafen, und er wusste sich nicht mehr zu helfen. Ich möchte auf keinen Fall, dass er diese Stresssituation noch einmal erleben muss, und verspreche ihm, eine kompetente Hilfskraft für mittags zu finden. Die kann sich dann um meine Mutter kümmern, während er seinen Mittagsschlaf macht.

Das hört sich allerdings leichter an, als es ist. Es bedeutet, Gespräche und Gehaltsverhandlungen zu führen, Persönlichkeiten und die nötigen Fähigkeiten zu analysieren. Wer ist wohl bereit, die Aufgabe der Übermittagsbetreuung zu übernehmen?

Resignation

Nach einigen Tagen erhalte ich von der ambulanten Pflegestation die Adresse einer Frau, die uns für ein paar Stunden mittags zur Verfügung stehen kann. Sie soll ab der kommenden Woche regelmäßig kommen. Die Ärzte versuchen zudem, die Unruhe meiner Mutter mit neuen Medikamenten zu behandeln. Es ist ihnen noch immer nicht gelungen, sie richtig einzustellen. Da die Dosis bisher wohl zu niedrig war, weil sie gar nicht zur Ruhe kam, versuchen wir es jetzt mit einer höheren. Das hat zur Folge, dass meine Mutter so sediert ist, dass sie ständig vom Rollstuhl rutscht.

»Mein Gott! Wir bringen sie noch um!«, sagt Tessa.

Da denke ich zum ersten Mal, dass es nicht die schlechteste Lösung für meine Mutter wäre, einfach für immer einzuschlafen. Was hat sie denn noch vom Leben? Jedes Mal, wenn ich sie sehe, schaut sie mich mit ihren großen blauen Augen tieftraurig an. Ich weiß genau, was sie denkt und nicht mehr aussprechen kann: Martina, wann darf ich endlich sterben?

Genau das ist es, was mich nicht mehr loslässt.

Bei einem erneuten Gespräch mit den Ärzten empfehlen diese, die Medikamentendosis wieder zu verringern.

In der Wohnung der Eltern ist es ruhig, als ich an diesem Tag von der Arbeit nach Hause komme. Also gehe ich nach oben, um das Essen zuzubereiten. Ich weiß, dass Tessa ihre Mittagspause nutzt, um einige Besorgungen zu machen, das hat sie mir am Morgen erzählt, die Eltern sind allein.

Ich stehe gerade in der Küche, als ich von unten Geräusche höre. Gleich gehe ich zum Fenster und sehe hinunter in den Garten. Von der Terrasse meiner Eltern geht es leicht bergab in den Garten. Dort hantiert mein Vater mit dem Rollstuhl, in dem meine Mutter sitzt. Er rüttelt und schüttelt an dem Stuhl und versucht mit Gewalt, in den abschüssigen Garten zu fahren. Der Stuhl hat sich aber längst in dem nassen Rasen festgefahren, und meine Mutter droht, gleich herauszurutschen. Sie fuchtelt mit ihren Armen hin und her und sagt etwas, das ich nicht verstehe. Vaters Gesicht ist total angespannt, er ist unsicher auf den Beinen. Gleich liegen sie beide im nassen Gras, denke ich. Die Situation eskaliert.

Ich reiße die Balkontür auf und schreie: »Was zum Teufel, machst du da? Warte! Ich komme!«

Schnell sprinte ich nach unten. Dort angekommen, will ich den Rollstuhl den Hang hochziehen. Mein Vater aber lehnt sich dagegen und schiebt in die andere Richtung.

»He!«, brülle ich ihn an. »Wohin willst du denn?«

»Weg! Deine Mutter will mal wieder weg!«, herrscht er mich an.

Er lässt los, und es gelingt mir, den Stuhl auf die Terrasse zu ziehen. Mittlerweile ist auch Jens heruntergekommen. Er hat wohl den Krach in seinem Arbeitszimmer gehört und hilft mir, meine Mutter wieder richtig hinzusetzen. Mein Vater indessen geht in die Wohnung und schimpft vor sich hin.

»Scheißpfleger! Kannst du vergessen. Kosten nur Geld und arbeiten nicht.«

Offenbar haben die Medikamente nicht genügend gewirkt, und meine Mutter hat in der Mittagspause immer wieder gerufen. Auch die neue Dosierung ist nicht die richtige. Ich beschließe, in der Wohnung meiner Eltern zu bleiben, bis die Pflegerin zurückkommt. So kann es tatsächlich nicht mehr weitergehen. Weder für mich, noch für meinen Vater. Nachdem sich die Vorfälle häufen, bin ich schon auf Hochspannung, wenn ich mittags nach Hause komme. Inzwischen freue ich mich über jeden geschäftlichen Nachmittagstermin, der mich davon abhält, zu Hause zu sein. Aber bis die Übermittagsbetreuung kommt, müssen wir durchhalten.

Meine Mutter zählt vor sich hin. »Drei, fünf, sieben ...«

Mein Vater redet eindringlich auf sie ein: »Nein, eins, zwei, drei, vier, fünf ...

»Vati, jetzt lass sie doch bitte«, sage ich.

Er lacht mich an und meint: »Wir üben doch nur ein bisschen.«

Humor und Zorn wechseln bei ihm ständig. Er ist total zerrissen. Ich habe das Gefühl, dass er meine Mutter mit seiner Zählerei noch mehr durcheinanderbringt und versuche ihn abzulenken, doch er ist wie besessen davon, Mutter die richtige Zahlenfolge beizubringen.

»Eins, zwei, drei!«, ruft er immer lauter. Dabei greift er nach ihrem Arm. »Hallo! Hörst du mich?«

Ich spreche ihn direkt an: »Vater! Lass das jetzt!«

Da steht er auf und rennt im Wohnzimmer hin und her. Die Situation wird immer schwieriger. Ich sitze da und fühle mich hilflos. Es ist mal wieder einer der Momente, in dem offensichtlich wird, dass mein Vater es nicht schafft, sich mit der Krankheit seiner Frau zu arrangieren. Seine Hilflosigkeit führt immer häufiger zu Wutanfällen, während derer er meine Mutter verbal angreift. Sie jedoch versteht gar nicht, was er von ihr will. Ich muss noch einmal mit ihm reden.

Als er auf die Terrasse rennt, leise vor sich hin schimpfend, folge ich ihm. Ich nehme all meinen Mut zusammen, denn ich will ihm jetzt mal richtig den Kopf waschen.

»Vater, das geht so nicht mehr!«, platzt es aus mir heraus. »Du musst akzeptieren, dass Mutter krank ist. Dein

Benehmen ihr gegenüber ist nicht schön. Genauer gesagt, deine ungeduldige Art verwirrt sie noch mehr! Und ich ... ich halte das auch nicht mehr aus!«

Eigentlich wollte ich viel energischer sein. Aber ich schaffe es nicht. Er ist doch mein Vater! Wie kann ich ihn da zurechtweisen?

Er antwortet nicht auf meine Worte. Sein Gesicht wirkt verschlossen und verhärmt. Er setzt sich auf einen Terrassenstuhl und schaut auf den Boden. Für mich wäre es viel einfacher, wenn er offen zu mir wäre. Tritt ein Problem mit meiner Mutter auf, könnte er mich doch darauf ansprechen! Aber der einzige Weg, den er gehen kann, um auf sich aufmerksam zu machen, sind unkontrollierte Aktionen, die mich in Panik versetzen.

Offene Gespräche waren noch nie seine Stärke. Wie konnte ich nur denken, dass ich jetzt mit ihm vernünftig reden kann? Es bleibt mir nichts anderes übrig, als den Versuch zu beenden.

Zum Glück kommt Tessa in diesem Augenblick aus der Mittagspause zurück. Sie setzt meine Mutter in den Rollstuhl und nimmt sie mit in die Küche. So hat mein Vater eine Verschnaufpause, und ich kann wieder nach oben gehen.

Am Nachmittag fasse ich einen Entschluss: Ich werde den Hausarzt um ein Gespräch bitten. Er hat vielleicht eine Lösung für uns.

Im Moment bin ich mir nicht mehr sicher, wer das größere Problem ist – meine Mutter mit ihrer Demenzerkrankung oder mein Vater, der offensichtlich ein psychisches Problem hat.

Noch am selben Abend telefoniere ich mit dem Hausarzt. Ich schildere die Verfassung meines Vaters, und gemeinsam kommen wir zu dem Entschluss, dass ein stationärer Aufenthalt in einer psychiatrischen Klinik ihm helfen könnte.

Einige Tage später sitze ich mit meinem Vater und dem Hausarzt an einem Tisch. Das Gespräch verläuft nicht gut. Schon der Anfang lässt Schlimmes erahnen. Als der Arzt erwähnt, dass ich mit ihm Kontakt aufgenommen hätte, weil ich mir Sorgen machen würde, verfinstert sich die Miene meines Vaters.

»Aha! Ihr habt euch wohl schon besprochen, was?«, sagt er, unüberhörbar verbittert.

»Nein. Ihre Tochter macht sich Sorgen um Sie. Sie sehen tatsächlich sehr gestresst aus«, gibt der Arzt zurück und lächelt mitfühlend. »Sicher ist es nicht leicht mit Ihrer Frau.« Er hält kurz inne, dann fährt er fort: »Ich könnte mir vorstellen, dass Sie in einer Klinik psychologische Hilfe bekommen können. Durch Gespräche und entsprechende Medikamente kann Ihnen gut geholfen werden.«

Seine einfühlsame Stimme, mit der er versucht, meinen Vater zu sensibilisieren, hat keine Wirkung. Schon die pure Erwähnung des Wortes Psychiater löst bei diesem blankes Entsetzen aus.

»Ja, genau! Das hab ich mir gedacht!«, wettert er. »In die Klapse wollt ihr mich abschieben. Das könnte euch so passen! Alt, blöd und weg damit.«

Seine Worte treffen mich hart. Er liegt total daneben mit seinem Verdacht. Ich hatte die Hoffnung, er könnte mithilfe von Fachärzten einen Weg finden, mit der Situation zurechtzukommen. Ich kann nicht verstehen, wieso er sich jeglicher Hilfe entzieht.

Die Persönlichkeitsveränderung meines Vaters ist zu offensichtlich. Ob sie nun durch den Schlaganfall ausgelöst wurde oder eine Konsequenz der Krankheit seiner Frau ist, spielt nur eine Nebenrolle. Mir ist wichtig, dass er wieder er selbst wird. Er soll wieder Lebensqualität bekommen und sich über Dinge freuen können. Sein zunehmend aggressives Verhalten im Wechsel mit den depressiven Schüben macht mir Sorgen und belastet, wenn auch unbewusst, meine Mutter ebenfalls.

Obwohl ich immer wieder versuche, meinem Vater zu erklären, dass wir ihn ganz sicher nicht abschieben, sondern ihm nur helfen wollen, lässt er sich nicht besänftigen. Er wird richtig böse mit mir.

»In die Klapsmühle mit dem Alten. Das könnte dir so passen«, faucht er mich erneut an.

Nach einer halben Stunde geben der Arzt und ich das Gespräch auf. Am Gartentor versucht er mich zu trösten: »Nehmen Sie es nicht persönlich. Er meint das ganz sicher nicht so. Aber wir können ihn nicht gegen seinen Willen einweisen.«

Nein, das können wir nicht. Das stimmt schon. Aber persönlich nehme ich die Worte meines Vaters schon. Denn wie sonst sind sie zu verstehen? Schon bei meiner Mutter fällt es mir schwer, emotionale Distanz zu wahren, obwohl mir sehr wohl bewusst ist, dass sie krank ist. Mein Vater hingegen ist nicht krank. Oder etwa doch?

Ab wann ist man krank und nicht mehr verantwortlich für sich selbst?

Auf ein weiteres Gespräch mit meinem Vater habe ich keine Lust mehr, deshalb gehe ich direkt in unsere Wohnung. Jens sitzt mit Lena beim Abendbrot in der Küche. Beide sehen mir meine Enttäuschung an, weswegen sie mit keinem Wort auf das Treffen mit dem Hausarzt eingehen, sondern schnell belanglose Dinge erzählen, um mich abzulenken. Inzwischen haben sie es sich zur Gewohnheit gemacht, nicht mehr direkt nachzuhaken, wenn ich mit schlechter Laune oder resigniert von meinen Eltern komme. Sie warten, bis ich mich einigermaßen beruhigt habe, um mich nicht noch mehr aufzuregen.

Später am Abend erzähle ich Jens von dem erfolglosen Gespräch.

»Du darfst deinen Vater nicht so ernst nehmen«, rät er mir. »Er weiß doch auch nicht mehr, was er sagt.«

»Das sehe ich anders«, entgegne ich. »Er lehnt alles ab, was ich ihm an Hilfen anbiete. Wenn er nur einmal mitmachen würde! Er denkt immer nur an sich! Wie deprimierend das für mich ist, interessiert ihn gar nicht.«

Tatsächlich habe ich schon viele Vorschläge in der Vergangenheit gemacht, um meinem Vater etwas mehr Lebensfreude zu vermitteln. Aber ganz gleich, ob es Ausflüge für Senioren waren (»Da sind ja eh nur alte Weiber dabei!«) oder Seniorentreffen (»Das ständige Geplapper kann ich nicht ertragen.«) – er wollte nie mitmachen. Ausflugsvorschläge von der Familie wie ein Zoobesuch oder eine Dampferfahrt kommentierte er lapidar (»Kenn ich schon alles. Hab ich schon tausendmal gemacht!«) und winkte ab.

Doch wie soll ich es schaffen, meinen Eltern gerecht zu werden, wenn sie sich gegenseitig nicht mehr ertragen?

Und ist es nicht schon so weit, dass ich sie nicht mehr ertrage?

Ein neuer Plan muss her, und zwar so schnell wie möglich.

Kapitel 4

Anfang 2007

Keine Zeit aufzuatmen

Wieder einmal ist meine berufliche Situation angespannt. Ich habe die Stelle als Niederlassungsleiterin aufgegeben und eine Teilzeitstelle als Referentin für Öffentlichkeitsarbeit gefunden. Ein Job, der mir Spaß macht, aber gleichzeitig anspruchsvoll ist.

Ein ziemlich nervenaufreibender Vormittag liegt hinter mir. Ich sehe auf die Uhr und stelle mit Schrecken fest, dass es schon fast eins ist. Schnell packe ich meine Sachen, um gemeinsam mit meiner Tochter daheim einzutreffen.

Den ganzen Morgen habe ich vergeblich versucht, den Sachbearbeiter der Pflegeversicherung meiner Eltern telefonisch zu erreichen. Meine Mutter ist in der Pflegestufe 2 eingeteilt, sie bedarf jedoch sicher schon der Pflegestufe 3, der Zustand meines Vaters müsste auch neu begutachtet werden. Wir haben einen Anspruch auf 430 Euro für die häusliche Pflege (Geldleistung) oder 1040 Euro für die ambulante Sachpflege. Allein schon die beiden Begriffe zu verstehen hat mich einiges an Zeit für die Recherche im Internet gekostet.

Geldleistung heißt, der Empfänger kann damit machen, was er will. Ambulante Sachpflege erhält der, der eine ambulante Pflegeeinrichtung beauftragt. Dieses ungerechte und nicht nachvollziehbare System hat mein Gemüt ziemlich erregt. Selbst die Sachbearbeiter bei der Pflegeversicherung können diese ungleiche Geldverteilung nicht ausreichend begründen. Wie kann man auch nachvollziehen, dass wir beispielsweise für das Zähneputzen durch Tessa nur die Hälfte des Geldes bekommen, das wir bekämen, wenn eine Pflegerin des ambulanten Pflegedienstes sich darum kümmerte?

Gern hätte ich diese Angelegenheit mit einem der Entscheider diskutiert. Aber im Moment habe ich andere Sorgen. Ich will versuchen, meine Eltern eine Pflegestufe höher einstufen zu lassen. Natürlich ist das nur ein Tropfen auf den heißen Stein. Die Kosten der Pflege übersteigen die Zuschüsse längst um ein Vielfaches. So können sich meine Eltern glücklich schätzen, dass sie noch über erspartes Geld verfügen und mein Vater eine gute Pension hat.

Meine ergebnislosen Bemühungen an diesem Vormittag haben mich so blockiert, dass ich meine eigentlichen Aufgaben nicht ausreichend erledigen konnte. Die Kreativität, die in meinem Job täglich verlangt wird, bleibt bei solchen Aktionen auf der Strecke. Im Augenblick liegen zwei Entwürfe einer Broschüre auf meinem Schreibtisch. Hierzu brauche ich passendes Bildmaterial, und die Texte müssen überarbeitet werden. Doch dazu war heute keine Zeit, vor allem aber keine Ruhe, die ich zum Nachdenken unbedingt brauche. Ich werde am Abend nacharbeiten müssen.

Als ich zu Hause ankomme und dort in die Einfahrt einbiege, befällt mich ein flaues Gefühl im Magen. Seit einiger Zeit hat Tessa es sich zur Gewohnheit gemacht, mich im

Treppenhaus abzufangen und über den aktuellen Gesundheitszustand, insbesondere meiner Mutter, Bericht zu erstatten. Zu Beginn fiel mir nicht auf, wie sehr es mich belastet, täglich ausführlich über die Essgewohnheiten sowie andere weniger schöne Gewohnheiten informiert zu werden. Doch meine Stimmung wird von Tag zu Tag schlechter, wenn ich den Hausflur betrete. Mein Kopf ist voll mit tausend Dingen, wenn ich nach Hause komme: Der Hund muss raus, Lena braucht ein Mittagessen und muss bei den Hausaufgaben beaufsichtigt werden, ein Arzttermin steht an, es muss eingekauft werden. Ich habe keine Zeit für das Geplänkel der Pflegerinnen.

Vorsichtig stecke ich den Schlüssel ins Schloss und versuche, ins Treppenhaus zu schleichen. Hoffentlich hört mich keiner, denke ich. Doch genauso leise wie ich die Haustür hinter mir schließe, öffnet sich die Wohnungstür meiner Eltern. Tessa steht in der Tür und legt ihren Finger auf die gespitzten Lippen.

»Hallo!«, flüstert sie, sichtlich zufrieden. »Deiner Mutter geht es heute gut. Sie hat einen Joghurt gegessen und eine Banane! Auf der Toilette war sie auch schon!«

Bevor sie noch mehr ins Detail gehen kann, sage ich schnell »Ah ja! Danke! Bis später!« und flüchte nach oben in den ersten Stock.

Eine unglaubliche Wut kommt in mir hoch. Warum muss ich das täglich hören? Kann ich nicht einfach nur Tochter sein? Muss ich all die Details bis ins Letzte erfahren? Dabei kümmere ich mich doch schon um alles, was meine Eltern benötigen.

Es ist selbstverständlich, dass ich da bin, wenn sie mich brauchen. Ich habe das nie infrage gestellt. Ganz gleich, ob ich in ihrem Haus wohne oder nicht – nie würde ich meine Eltern im Stich lassen. Sie würden sich genauso verhalten. Es ist doch selbstverständlich, dass man mal die Einkäufe erledigt, im Haushalt hilft, wenn es nicht mehr geht, oder dass man den ein oder anderen Fahrdienst übernimmt und die Korrespondenz. Aber wie hat sich das mittlerweile entwickelt? Ich fühle mich wie eine leitende Stationsschwester im Krankenhaus, die jeden Tag neue Lösungen finden und immer ein offenes Ohr haben muss. Und alle scheinen vergessen zu haben, dass ich die Tochter bin und die beiden Patienten im Erdgeschoss meine Eltern.

Ich stehe in der Küche und starre auf die Herdplatte, auf der noch nichts kocht. Gleich wird Lena mit einem riesigen Hunger von der Schule kommen. Aber ich bin total blockiert, weil mir das Herz bis zum Hals schlägt. Ich kann es nicht mehr ertragen, hallt es in meinem Kopf. Dieses siegreiche Lächeln der Pflegerin mit der Botschaft, dass meine Mutter einen Joghurt gegessen hat! Wie soll ich erklären, dass ich mich nicht genauso über solche Details freue wie sie? Dass ich diese Kleinigkeiten überhaupt nicht wissen will? Meine Mutter ist ganz gewiss nicht mein Baby, doch genau so benehmen sich alle!

Kaum habe ich diesen Gedanken zu Ende gedacht, fühle ich mich schlecht. Doch ich kann einfach nicht mehr. Es gibt keinen Rückzugsraum mehr für mich. Die Pflege der Eltern und deren Gesundheitszustand beherrschen rund um die Uhr mein Leben.

Langsam beruhige ich mich wieder. Durchs Küchenfenster sehe ich unsere Tochter, sie schlendert auf das Haus zu. Rasch nehme ich einen Kochtopf und zaubere ein paar Nudeln für uns beide. Ihr fröhliches Geplapper ein paar Minuten später verscheucht meine Gedanken für den Moment, doch ich nehme mir fest vor, nach einer Lösung zu suchen.

Am Nachmittag scheint die Sonne. Lena und ich sitzen auf dem Balkon. Ich trinke einen Kaffee, Lena macht Hausaufgaben. Die Terrasse meiner Eltern ist genau unter uns. So höre ich, wie die Pflegerin meine Mutter mit ihrem Rollstuhl nach draußen schiebt. Schnell rutsche ich mit meinem Stuhl etwas an die Hauswand zurück. Ich will auf gar keinen Fall, dass Tessa mich bemerkt. Doch es ist zu spät. Sie geht ein Stück in den Garten hinein und ruft nach oben.

»Martina? Bist du da?«

Am liebsten hätte ich gebrüllt: NEIN! ICH BIN NICHT DA! Aber ich beherrsche mich und antworte, wenn auch nicht ganz so freundlich wie sonst.

»Ja, was gibt's denn?«

Stur bleibe ich auf dem Stuhl sitzen und gehe nicht vor zur Balkonbrüstung. So kann sie mich wenigstens nicht sehen, was sie ganz offensichtlich stört.

»Martina?«, höre ich ihre fragende Stimme.

Lena sieht mich fragend an. Sie wundert sich, warum ich so stoisch auf meinem Stuhl sitzen bleibe. Entnervt gebe ich auf und gehe ein paar Schritte nach vorn an das Balkongeländer.

»Ach, da bist du ja!«, beginnt Tessa zu plaudern. »Mutti geht es auch nach dem Mittagsschläfchen richtig gut. Das ist doch schön, oder?« Sie sieht mich fragend an.

»Hm«, antworte ich und bemühe mich um ein Lächeln.

Dann erzählt sie mir, was sie heute gekocht hat, was

meine Mutter für Wörter gesagt hat und zu guter Letzt, dass sie noch ein zweites Mal Stuhlgang hatte.

Lena kichert leise hinter mir. Selbst sie bemerkt mittlerweile, wie absonderlich diese nicht erfragten Berichte sind.

»Aha!«, sage ich nur, »dann ist ja alles bestens!« und gehe in die Wohnung.

Da muss sich etwas ändern. Tessa versteht einfach nicht, dass ich an den pflegerischen Details nicht interessiert bin. Sie geht davon aus, dass es nichts Wichtigeres gibt als die Erfüllung ihrer Aufgaben und dass alle daran teilhaben wollen, besonders ich. Doch ich brauche Luft zum Atmen. Es muss möglich sein, auf dem Balkon zu sitzen, ohne ständig angesprochen zu werden. Jeder zerrt an mir, jeder will etwas von mir. Muss ich in den Keller flüchten, um ein wenig Zeit für mich zu haben?

Es hilft nichts, ich muss mit Tessa Klartext reden.

Am frühen Abend telefoniere ich mit einer Freundin und erzähle ihr von meinem Kummer mit der Pflegerin. Doch sie weist mich zurecht, dass diese auch ihren Austausch braucht. Und wenn es mich nicht interessiert, wen dann?

Na gut, da hat sie recht. Wir diskutieren hin und her, bis wir eine Lösung haben. Ich werde mit Tessa vereinbaren, dass wir uns einmal in der Woche besprechen sollten, außer es passiert etwas Außergewöhnliches. Dann muss sie mich nicht mehr an der Tür mit den Neuigkeiten überfallen.

Gleich am nächsten Tag rede ich mit Tessa. Sie nickt eifrig und verspricht, sich daran zu halten. An ihrem Gesichtsausdruck erkenne ich jedoch, dass sie mich nicht wirklich versteht. Wahrscheinlich denkt sie, dass mich alles rund um meine Eltern interessieren muss. Aber das ist nicht so. Es gibt Dinge im Leben der Eltern, die wollen Kinder nicht erfahren – ganz gleich wie alt sie sind!

Verstärkung

Die Pflegesituation der Eltern wird so aufwendig, dass ich gezwungen bin, eine zweite Pflegerin zu beschäftigen, die sich die Schicht mit Tessa teilt. Ich nehme Kontakt mit einer Agentur für Pflegekräfte auf. Die meisten Pflegerinnen, die von dieser Agentur vermittelt werden, kommen aus Polen. Schon die Vermittlung zuvor hat reibungslos geklappt, weswegen wir uns erneut für diesen Weg entscheiden. Die Agentur schickt uns Samanta, die zum Glück ein wenig deutsch spricht.

Der Tag fängt um acht Uhr morgens an und endet um acht Uhr abends. Beim Ankleiden sowie beim Auskleiden hilft noch der ambulante Pflegedienst. Die Nacht verbringen meine Eltern allein in der Wohnung. Tessa, die im Haus wohnt, ist im Notfall in Rufbereitschaft.

Meine Mutter ist überhaupt nicht mehr in der Lage, körperlich mitzuarbeiten. Die starken Medikamente gegen ihre Unruhe führen zu einer totalen Erschlaffung ihres Körpers. Für eine einzelne Person ist es nahezu unmöglich, sie ins Bett oder aus dem Bett zu heben. Kürzlich war ein ärztlicher Gutachter der Krankenkasse da und hat die Pflegestufe 3 bestätigt. Es wurde festgestellt, dass bei meiner Mutter täglich durchschnittlich mindestens fünf Stunden lang Hilfe geleistet werden, davon entfallen mindestens vier Stunden auf die Grundpflege. Der konkrete Hilfebedarf ist jederzeit, auch nachts, gegeben. Also rund um die Uhr. Das bedeutet, meine Mutter ist schwerstpflegebedürftig. Meine Eltern bekommen von der Pflegeversicherung 685 Euro im Monat. Da wir auch noch den ambulanten Pflegedienst bemühen, verringert sich die Geldleistung anteilmäßig. Eine äußerst komplizierte Rechnung, die ich aber mittlerweile verstanden habe.

Schon seit einiger Zeit bitten die Pflegerinnen, einen Wannenlift einbauen zu lassen. Mit diesem Gerät würde es wieder möglich, meine Mutter in die Badewanne zu setzen, erklären sie. Obwohl wir die Dusche mit Sitz und Griffen ausgestattet haben, kann meine Mutter sie schon lange nicht mehr nutzen. Die Krankheit ist so weit fortgeschritten, dass sie nicht mehr stehen und auf einem Hocker sitzen kann. Tessa hat große Mühe, sie von einem Ort zum anderen zu bewegen. Sie ist eine kleine Person, und ich sehe, wie sehr sie unter der körperlichen Belastung zu leiden hat. Doch bis jetzt habe ich dieses Thema erfolgreich von mir weggeschoben. Ich will nicht schon wieder eine neue Entscheidung treffen müssen, will mich nicht erneut mit den Behörden herumschlagen, Anträge stellen, Begründungen formulieren, Formulare ausfüllen.

Eines Morgens bittet mich die Pflegerin der ambulanten Pflege zu einem Gespräch. Sie redet dieses Mal nicht lange drum herum: »Es geht jetzt wirklich nicht mehr. Ihre Mutter ist wegen ihres Gewichts kaum noch zu heben«, erklärt sie. »Wenn Sie wollen, dass wir sie weiterhin baden, dann brauchen wir einen Deckenlift.«

Sie führt mich ins Bad und zeigt mir, wo der Lift angebracht werden soll. An der Decke wird eine Aufhängung montiert, an der Seile hängen, daran wiederum ist ein Sitz befestigt. Noch kann ich mir nicht vorstellen, wie das funktionieren soll.

Die Stimme der Pflegerin des ambulanten Dienstes klingt hörbar entnervt. Anscheinend gab es schon wieder kleine Reibereien zwischen den Pflegern. Sie sind sich nicht immer einig, was die Details betrifft. Mal beschwert sich der Leiter der ambulanten Pflege über den arroganten Ton der häuslichen Pfleger, mal klagt Tessa über die abweisende und besserwisserische Art des ambulanten Dienstes. Ich höre mir das stets geduldig an und versuche zu schlichten. Noch! Doch langsam geht mir auch das auf die Nerven.

»Gut, ich werde mich darum kümmern«, sage ich.

Mir graut davor. Die Prüfungen als Betriebswirtin stehen auch ins Haus. So ist Zeit augenblicklich ziemliche Mangelware bei mir. Alles muss immer extrem schnell erledigt werden. Deswegen bedeuten Wünsche, wie beispielsweise dieser Deckenlift, puren Stress für mich.

Kaum ist die ambulante Pflege weg, kommt Tessa zu mir und schüttelt den Kopf: »Ob der Deckenlift die Lösung ist? Ich bin mir da nicht sicher. Wie soll deine Mutter darin sitzen?«

»Ich finde, es macht Sinn«, sage ich.

Schnell verlasse ich die Wohnung. Nur keine weitere Diskussion! Beim Hinausgehen höre ich meine Mutter aus dem Wohnzimmer rufen: »Hallo! Hallo! Hilfe!«

Das kann ja ein prima Tag werden. Gleich wird mein Vater zu ihr flitzen und auf sie einreden. Kein Wunder, dass auch Tessa nervlich am Ende ist.

Am nächsten Morgen, es ist Samstag und ich liege noch im Bett, höre ich Tessa, die sich mit einer Frau streitet. Ich springe in meine Jeans und streife mir ein T-Shirt über. Besser, ich gehe jetzt hinunter und löse das Problem gleich, bevor ich nur Ergebnisse serviert bekomme. Schon auf der Treppe bekomme ich mit, worum es geht, die Stimmen klingen sehr gereizt.

»Jetzt will sie aber nicht mehr gewaschen werden«, schimpft Tessa. »Sie will jetzt frühstücken.«

»Aber ich kann nicht warten, bis sie fertig ist«, blafft die Pflegerin vom ambulanten Dienst.

»Nein!«, höre ich Tessa, als ich die Tür öffne. »NEIN! Lassen Sie sie bitte sitzen.«

Ich trete in das Esszimmer und sehe beide Pflegerinnen am Tisch stehen.

»Was ist hier los?«, frage ich ungehalten.

Tessa wendet sich zu mir. »Sie ist viel zu spät dran. Und jetzt will deine Mutter nicht mehr gewaschen werden. Sie frühstückt schon.«

Meine Mutter sitzt völlig unbeteiligt am Tisch, als ginge sie das nichts an. In diesem Moment ist es auch sicher besser, sie versteht nicht, worum es geht. Mein Vater hingegen fühlt sich sichtlich unwohl in seiner Haut. Die beiden Frauen streiten sich über seinen Kopf hinweg, was ihn völlig überfordert, und nun komme ich auch noch hinzu.

»Wann hätten Sie denn kommen wollen?«, frage ich die Pflegerin.

»Meistens komme ich gegen halb neun. Aber heute ist einiges anders gelaufen als geplant«, erklärt sie. »Ich würde Ihre Mutter jetzt gern waschen, aber Tessa hat was dagegen.«

Ich sehe Tessa an, die sich vor meiner Mutter aufgebaut hat. »Nein, ich werde das später selbst machen«, sagt sie bestimmt. »Deine Mutter soll jetzt in Ruhe essen dürfen.«

Damit die Situation nicht weiter eskaliert, bitte ich die Pflegerin, heute auf die Morgenwäsche zu verzichten. Widerwillig findet sie sich damit ab, verspricht jedoch, am nächsten Tag nicht mehr zu spät zu kommen.

Ihr Versprechen in Ehren, aber mir ist klar, dass sie das Zuspätkommen nicht zu verantworten hat. Es ist für mich nachvollziehbar, dass es mal länger dauern kann bei einem Patienten. Sie kann nicht genau sagen, wann sie kommt. Und ist mal eine Kollegin krank, dann muss sie unter Umständen noch ein paar Patienten einschieben.

Ich versuche Tessa die Problematik zu schildern.

»Aber wir können deine Mutter doch nicht einfach vom Tisch wegziehen, wenn die Pflegerin gerade kommt«, erregt sie sich. »Es ist ja auch nicht das erste Mal, dass dies passiert. Letztens musste dein Vater schon allein frühstücken. Nur so spät war es noch nie.«

Ich stehe vor einem nahezu unlösbaren Problem. Tessa ist körperlich nicht in der Lage, meine Mutter allein zu waschen und anzukleiden. Wir sind auf die Hilfe des Pflegedienstes angewiesen.

»Wir müssen das so akzeptieren, Tessa«, sage ich zu ihr. »Sie wird sich bemühen, früher zu kommen«, füge ich noch hinzu.

Die Unruhe meiner Mutter, der Terror meines Vaters und die Streitigkeiten der Pflegerinnen untereinander bringen ein solches Chaos, dass man manchmal das Gefühl hat, in einem Irrenhaus zu leben. Ich muss mir etwas überlegen, damit wieder etwas Ruhe in unser aller Alltag kommt.

Was könnte das nur sein?

Die Tagespflegestätte – ein neuer Versuch

In den nächsten Tagen lese ich zufällig von einer Tagespflegestätte in der Nähe. In dem Artikel wird damit geworben, dass Menschen mit Demenz dort den Tag sinnvoll mit Spielen, Singen und Basteln unter fachlicher Betreuung verbringen können. Für die Angehörigen soll das Entlastung bringen und für die Betroffenen etwas Abwechslung.

Sofort bin ich von der Sache begeistert. Gleich in den nächsten Tagen fahre ich persönlich vorbei. Die Räume der Tagesstätte machen einen sehr freundlichen Eindruck. Ebenso die Leitung der Einrichtung. Erfreulicherweise gibt es noch einen Platz, meine Mutter würde sogar abgeholt. Das alles klingt vielversprechend! Bevor ich jedoch zusage, will ich mit meinem Vater sprechen.

Noch am gleichen Abend setze ich mich zu ihm auf die Couch und erzähle von meiner Idee. Er ist überhaupt nicht begeistert und hat jede Menge Bedenken.

»Wie soll Mutter da hinkommen?«, fragt er skeptisch.

Aber diese Frage kann ich gleich vom Tisch fegen. »Sie würde persönlich abgeholt werden. Sie kann sogar im Rollstuhl sitzen bleiben«, erkläre ich.

»Wie soll sie denn ohne mich zurechtkommen?«, will er wissen.

Besser als mit dir, denke ich, sage es aber nicht. »Mach

dir keine Sorgen. Da gibt es viele nette Menschen, die sich um Mutter kümmern«, antworte ich.

»Aber es wird ihr nicht gefallen. Sie will doch nicht von zu Hause weg«, meint er.

Er macht sich Sorgen. Einerseits ist er nervlich am Ende, andererseits kann er nicht loslassen. Ein wahres Dilemma, in dem er sich da befindet.

Vorsichtig versuche ich ihn zu überzeugen. »Vati, du brauchst eine Pause! Mutter hat nichts davon, wenn du plötzlich ausfällst, weil du nicht mehr kannst.«

Damit gewinne ich ihn für das Projekt. Er willigt ein, einen Versuch zu starten.

Noch in der gleichen Woche organisiere ich die Fahrt in die Tagesstätte. Ich nehme mir extra frei, um dabei zu sein, wenn meine Mutter abgeholt wird.

Es ist eine mittlere Katastrophe. Wie mein Vater schon vermutet hat, will meine Mutter überhaupt nicht weg. Sie ruft immer wieder um Hilfe. Ihr Mann ist völlig aus dem Häuschen. Er läuft hin und her, murmelt vor sich hin: »Das wird nichts mehr, ich hab's doch gleich gewusst.« Die Situation scheint aus dem Ruder zu laufen. Der junge Fahrer des Fahrdienstes ist total überfordert. Wahrscheinlich wünscht er sich gerade an das andere Ende der Welt. Ich würde da gern mitkommen.

Um das Ruder noch einmal herumzureißen, steige ich in das Auto zu meiner Mutter, beuge mich zu ihr und zische ihr ins Ohr: »Wenn du jetzt nicht aufhörst, dann kippt Vati gleich um, und du bist schuld.«

Ich verstehe nicht, wieso ich so gemein bin, aber sie muss jetzt unbedingt aufhören, sich so aufzuführen. Mit dem Theater, das sie macht, kippt mein ganzes schönes Projekt, meine Hoffnung auf eine Verbesserung der häuslichen Situation wird zunichte gemacht. Die Tagesstätte ist doch eine Chance für uns alle!

Offenbar sind meine Worte angekommen, denn meine Mutter ist sofort still, sie sieht mich allerdings mit ihren großen Augen, die sich langsam mit Tränen füllen, entsetzt an. Eine schier unbezwingbare Verzweiflung macht sich auf ihrem Gesicht breit.

Verdammt, das ist ja noch schlimmer, denke ich. Die Situation wächst mir über den Kopf. Ich steige aus dem Auto aus, gebe dem Fahrer ein Zeichen und eile zurück ins Haus.

Mein Vater sitzt am Esszimmertisch und trinkt den Rest seines Kaffees. Als er mich sieht, sagt er: »Martina! Es tut mir so leid, dass du das alles aushalten musst. Besser wäre es, wenn wir alle tot wären.«

Die Worte bleiben im Raum stehen. Was soll ich dazu sagen? Etwa, dass ich nichts aushalten muss? Oder dass sie bitte noch viele Jahre leben sollen? Nein, ich kann nicht lügen. Das konnte ich noch nie besonders gut. So versuche ich einen Kompromiss.

»Wir alle müssen etwas aushalten. Du doch auch!«, tröste ich ihn. »Und wann wir sterben, liegt nicht in unserer Hand.«

Aufgewühlt fahre ich zur Arbeit.

Gegen fünf Uhr am Nachmittag wird meine Mutter wiedergebracht. Sie ist völlig durcheinander. Es ist ganz offensichtlich, dass es ihr in der Tagesstätte nicht gefallen hat. Mein Vater indessen hat den ganzen Tag geschlafen. Im

Bett, auf der Couch und auf der Terrasse. Sein Bedürfnis an Schlaf war an diesem Tag grenzenlos.

Tessa nimmt mich zur Seite und raunt mir zu: »Lange hält dein Vater das nicht mehr aus. Er ist so erschöpft.«

Das ist mir selber schon aufgefallen, aber ich habe nicht mehr viele Ideen, wie ich es ändern kann. Er sucht ja förmlich den Konflikt mit meiner Mutter. Ständig sitzt er neben ihr, lässt sie keine Minute allein, schiebt sie in der Wohnung herum und redet ununterbrochen mit ihr. Kaum ist sie mal eingeschlafen, geht er zu ihr und spricht sie an, um dann völlig überrascht zu sein, dass sie jetzt aufgewacht ist. Ich habe schon ein paarmal mit ihm darüber gesprochen, aber er versteht mich nicht. Oder er will mich nicht verstehen.

»Und ich kann auch nicht mehr!«, fährt Tessa fort.

Erschrocken sehe ich sie an. »Wie meinst du das?«, frage ich. Samanta ist doch jetzt da, um sie zu entlasten.

»Ich höre auf. Bitte such einen Ersatz für mich.«

Schon seit geraumer Zeit fällt mir auf, dass es ihr immer schwerer fällt, freundlich und fröhlich zu sein. Eigentlich kein Wunder bei der Stimmung im Haus. Es gibt kaum Momente der Freude oder der Genugtuung. Abgesehen davon ist die körperliche Belastung der Pfleger hoch. Durch die wachsende Unbeweglichkeit hat meine Mutter zugenommen. Ihr Gewicht wird immer mehr zum Problem. Die Tagespflegestätte sollte eine Entlastung sein – was wird nun daraus?

Jetzt wäre eigentlich ein guter Zeitpunkt, um über einen Altersheimaufenthalt zu sprechen, aber allein die Erwähnung des Wortes HEIM löst in meiner Familie und besonders bei meinen Eltern bloßes Entsetzen aus. Ich habe furchtbare Angst, das Thema überhaupt anzusprechen, weswegen ich es zunächst einmal verdränge.

Ein Antrag auf Pflegestufe 3 mit zusätzlichem Härtegrad läuft – die letztmögliche Steigerung. Deshalb kommt erneut ein ärztlicher Gutachter und prüft, ob wir berechtigt sind. Der zusätzliche Härtegrad könnte uns vielleicht ein paar Euro mehr für eine Betreuung bescheren. Tatsächlich kann meine Mutter nicht einmal mehr einen Löffel selbstständig heben, um zu essen. Sie kann absolut gar nichts allein erledigen.

Mein Vater ist auf Pflegestufe 2 festgelegt. Er sieht sehr schlecht und braucht ebenfalls Hilfe bei den täglichen Verrichtungen. Doch in Wahrheit stehen nicht seine körperlichen Gebrechen im Vordergrund, sondern die Demenzerkrankung meiner Mutter und seine Depression.

Einen adäquaten Ersatz für Tessa zu finden muss jetzt allerdings an erster Stelle stehen, doch das wird nicht einfach werden. Immerhin ist sie seit einem Jahr bei uns und gut eingearbeitet.

Schon wieder ein neuer Auftrag für mich. Langsam wird das zu einem Vollzeitjob ohne Gehalt und ohne Anerkennung, denke ich. Ich kann mich gar nicht erinnern, wann mein Vater das letzte Mal etwas Nettes zu mir gesagt hat. Was ihm nicht passt, teilt er mir jedoch fast täglich mit.

Am darauffolgenden Tag telefoniere ich mit der Agentur und teile mein Problem mit. Wir brauchen eine neue Pflegerin, so schnell wie möglich. Bis dahin bitte ich Samanta, die im Wechsel Dienst mit Tessa hat, ab der kommenden Woche deren Dienste zu übernehmen. Sie verspricht mir, nun täglich die Zehn-Stunden-Schicht zu übernehmen.

Ich weiß, lange kann Samanta das nicht durchhalten. Dennoch versichert sie mir, ich solle mir keine Sorgen machen. Sorgen mache ich mir trotzdem, denn ich fürchte um einen Zusammenbruch meines Pflegekartenhauses. Dieser Albtraum ist mein ständiger Begleiter. Was, wenn eine Pflegerin ausfällt? Wer wird die Eltern betreuen, bis Ersatz kommt?

Ich kann das auf gar keinen Fall leisten. Einerseits bin ich nicht in der Lage, die körperliche Pflege zu übernehmen, andererseits ist mein Leben zeitlich so eng getaktet, dass ich nicht einfach von heute auf morgen aussteigen kann – auch nicht einen einzigen Tag. Unmöglich! Abgesehen davon halte ich es mittlerweile nur noch kurz in der Wohnung meiner Eltern aus. Ich habe verstanden, dass all meine Bemühungen, sie optimal zu versorgen, nichts an ihrem Zustand ändern. Mein Vater bleibt mürrisch und depressiv, meine Mutter ist nicht mehr sie selbst und durchlebt die Hölle in ihrem Kopf. Es ist mir nicht gelungen, ihre Lebensqualität sichtlich zu verbessern. Diese totale Hoffnungslosigkeit in ihren Gesichtern, das Leid, das sie durchleben müssen und die Wut meines Vaters, die sich immer wieder einen Weg nach außen sucht, kann ich nicht mehr ertragen.

Unser Leben ist aus dem Gleichgewicht geraten.

Erste körperliche Belastungssymptome

Abends liege ich im Bett, tausend Szenarien spielen sich in meinem Kopf ab. Plötzlich nehme ich ein Brummen wahr. Es stört mich, da es nicht mehr aufhört. Jens liegt lesend neben mir.

»Sag mal, hörst du das Brummen auch?«, frage ich.

»Wie bitte?«, gibt er zurück. »Was für ein Brummen?«

Na klar, er hört nichts. Ich hab ein viel besseres Gehör als er. Das haben wir schon öfter festgestellt.

»Wahrscheinlich arbeiten die wieder nachts an den Bahngleisen«, mutmaße ich.

Jens kann das nicht wirklich glauben, widerspricht aber nicht. Tatsächlich fuhren die letzten Abende einige Arbeitszüge am Haus vorbei. Die Gleise sind nicht weit entfernt.

Mit dem Brummen im Ohr kann ich nicht einschlafen. Ich stopfe mir Watte in die Ohren, in der Hoffnung, dass der Lärm nachlässt. Aber das Geräusch ist hartnäckig. So liege ich die halbe Nacht wach.

Gleich am nächsten Morgen will ich mich bei der Bahn beschweren. Ich bin total sicher, dass in der Nähe ein Triebwagen läuft. Doch das Geräusch ist verschwunden, was meiner Theorie noch mehr Vorschub leistet.

Am kommenden Tag treffe ich eine Nachbarin auf der Straße. Ich konfrontiere sie mit meiner Beobachtung.

»Sag mal, hörst du das auch? So ein Brummen nachts. Kommt wahrscheinlich von den Gleisen«, sage ich.

»Nö! Ich höre nichts. Aber vielleicht hörst du ja besonders gut«, witzelt sie und lacht. Dann wird sie ernst. »Geh doch mal zum Ohrenarzt«, rät sie.

Die Idee finde ich gar nicht schlecht. So vereinbare ich gleich einen Termin beim Hals-Nasen-Ohren-Arzt.

Am nächsten Tag sitze ich dem Arzt gegenüber und erzähle ihm meine Geschichte mit der Bahn und dem nächtlichen Brummen.

»Können wir mal einen Hörtest machen?«, frage ich.

Er schickt mich zu seiner Mitarbeiterin, die mir verschiedene Töne ins Ohr spielt. Die Auswertung des Hörtests überrascht mich zunächst nicht.

»Sie hören sehr gut«, meint der Arzt. »Man könnte sagen hundert Prozent Hörfähigkeit.«

»Sehen Sie! Wusste ich es doch«, erwidere ich erfreut. »Wahrscheinlich kann ich Geräusche hören, die andere nicht hören.«

»Ja, das stimmt schon. Aber das ist bestimmt nicht die Bahn«, sagt er vorsichtig. »Haben Sie Stress im Moment?«, fragt er dann.

»Ich? Nein! Gar nicht. Mir geht es gut!« Ich grinse ihn an.

Doch, mir geht es gut. Was hat er denn nur? Dass Ärzte aber auch immer so hartnäckig mit der Stressnummer ankommen müssen, wenn sie etwas nicht erklären können!, denke ich.

»Wissen Sie«, sagt der Arzt gedehnt, »ich bin sicher, Sie haben einen Tinnitus.«

»Was?«, frage ich. Das bekommen doch nur Leute, die ständig zu nahe an Lautsprechern stehen. »Woher soll das denn kommen?«

»Eigentlich ist ein Tinnitus auf Stress zurückzuführen. Vielleicht ist Ihnen Ihr Stress nicht bewusst«, erklärt er.

War das jetzt eine indirekte Frage?, denke ich bei mir, lasse das Gesagte aber so stehen.

Er gibt mir ein paar Entspannungstipps und rät mir, wenn sich die Symptome nicht bessern, zu einer Therapie mit Infusionen. So richtig habe ich nicht verstanden, woher mein Problem kommt und was ich dagegen machen kann. Verwirrt verlasse ich die Praxis.

Tatsächlich ist das nicht das einzige Problem, mit dem ich kämpfe. Immer wieder habe ich Herzrasen. Meist kurz vor dem Einschlafen. Wenn das Gedankenkarussell sich dreht, schießt urplötzlich Adrenalin ins Blut, und mein Herz schlägt wie verrückt. Ich mache mich gleich nach dem HNO-Termin auf den Weg zu meiner Hausärztin. Eine Routineuntersuchung ist sowieso längst überfällig. Es wird festgestellt, dass ich einen extrem hohen Blutdruck habe. Auch die Hausärztin erkennt schnell, dass bei mir keine physischen Probleme vorliegen.

»Das muss wohl der Stress sein«, erklärte sie in der Sprechstunde.

»Ja, möglicherweise«, gebe ich zurück. »Der ganz normale Wahnsinn halt. Kinder, Arbeit und die Eltern. Das kann schon mal zu viel sein.«

Aber wie soll ich das ändern? Gibt es da ein Rezept? Nein – natürlich nicht! Wieder bekomme ich ein paar Entspannungstipps. Fast hätte ich laut gelacht. Wie soll ich das denn machen? Gern würde ich die Ärzte mal zu mir einladen und mit ihnen gemeinsam ihre Entspannungstipps ausprobieren, während meine Mutter um Hilfe ruft und mein Vater mit den Türen knallt.

Geldprobleme

Schon beim Ankommen zu Hause habe ich Bluthoch-
druck und Tinnitus vergessen. Mein Vater wartet bereits
im Treppenhaus auf mich.

»Ich brauch wieder Geld«, sagt er.

Seit Monaten geht er nicht mehr selbst zur Bank. Aus diesem Grund hebe ich regelmäßig Geld von seinem Konto ab,
damit er in der Lage ist, Kleinigkeiten allein zu bezahlen.
Eigentlich braucht er kaum Geld, da ich die Einkäufe für
die Eltern erledige und die Apotheke Rechnungen schickt.
Aber für ihn ist es wichtig, eigenständig sein zu können. Es
gibt ihm das Gefühl, noch die Zügel in der Hand zu halten.
Ab und zu steckt er seinen Enkelkindern Geld zu, oder er
bezahlt die Fußpflege, die regelmäßig ins Haus kommt.

Mein Vater hat alle Vollmachten auf mich übertragen,
damit ich die Finanzen für ihn und meine Mutter erledigen kann. In dieser Sache haben sich die beiden sehr gut
organisiert. Irgendwann haben sie mich gefragt, ob ich das
für sie machen könnte, falls die Bankgeschäfte meinen Vater irgendwann überfordern würden. Mich hat das sehr ge-
ehrt, dass sie so viel Vertrauen zu mir hatten. Und natürlich habe ich ihnen meine Hilfe zugesichert. Mittlerweile
empfindet mein Vater meine Dienste nicht mehr als Hilfeleistung, sondern fühlt sich bevormundet.

»Okay. Wann brauchst du es?«, frage ich ihn.

»Morgen«, sagt er bestimmt.

»Äh … das ist aber komisch. Ich habe dir doch vor einer
Woche hundert Euro gegeben. Wo sind die denn?«, will ich
wissen.

Da wird er ungehalten und fährt mich an: »Muss ich jetzt Rechenschaft über meine Ausgaben abgeben? Bin ich schon entmündigt?«

»Nein, bestimmt nicht. Ich wundere mich lediglich«, versuche ich zu erklären. Ich lasse mich nicht provozieren, deswegen gehe ich nicht näher auf seine Worte ein.

Die finanzielle Situation meiner Eltern ist mit der Zeit alles andere als rosig geworden. Die Pflege, die Umbauten und all die aufwendigen Betreuungsvarianten fressen ihre Ersparnisse auf. Obwohl es kaum eine Förderungsmöglichkeit gibt, die ich nicht genutzt hätte, ist ein Ende der wirtschaftlichen Möglichkeiten absehbar. Doch das will ich jetzt nicht diskutieren. Genau genommen will ich das Thema Geld überhaupt nicht bereden, denn mein Vater hat Probleme genug. Er soll sich darüber keine Sorgen machen müssen.

Eine Woche später sind die 200 Euro wieder weg. Mein Vater fängt mich im Treppenhaus ab und bittet mich erneut, Geld für ihn abzuheben.

»Wie? Schon wieder? Was machst du denn damit?«, frage ich ihn.

Da wird er stocksauer. »Es ist mein Geld. Ich kann damit machen, was ich will. Jetzt muss ich noch vor meiner Tochter Rechenschaft ablegen«, schimpft er und knallt die Wohnungstür hinter sich zu.

Das kann ich so nicht stehen lassen. Ich folge ihm in die Wohnung und finde ihn im Schlafzimmer, wo er hektisch seinen Schrank durchsucht.

»Ich verstehe nicht, wo das Geld hin ist«, murmelt er. »Aber ich finde schon noch ein paar Euro für mich. Anscheinend kriege ich ja nichts mehr. Bin wohl schon entmündigt!«

»Das ist doch Quatsch«, entgegne ich. »Ich frage mich nur, wo das Geld bleibt. Vielleicht ist es dir unbemerkt aus der Börse gerutscht, weil du so schlecht siehst.« Ich suche krampfhaft eine Erklärung für das Verschwinden der Banknoten.

»Jaja! Alt und blöd. Sag's doch gleich!«

Er sucht hektisch in seinen Hosen, Jacken und öffnet sämtliche Geldbeutel, die er nur finden kann. Es hat keinen Sinn, mit ihm weiterzudiskutieren. Seine Stimmung werde ich heute nicht mehr ändern. So gehe ich an diesem Tag nicht mehr intensiver auf das Thema ein.

Am nächsten Tag einigen wir uns darauf, dass ich ihm jede Woche einen festen Betrag bringe. Das erspart ihm, mich darum zu bitten, und wir haben einen Überblick, wie viel Geld im Umlauf ist. Doch bei jeder Geldübergabe kommt ein bissiger Kommentar von ihm. Er kann sich nicht mit seiner Situation abfinden und fühlt sich nach wie vor bevormundet, obwohl ich ihm doch nur helfen will.

Würde wahren

Für Tessa kommt Tanja, die ebenfalls ins Dachgeschoss zieht. Die Agentur schickt sie aus Polen zu uns. Tanja spricht wenig deutsch, lächelt aber viel. Ihre Familie einschließlich ihrer sechzehnjährigen Tochter leben in Polen, erfahre ich.

Mein Vater ist zunächst skeptisch, weil es wieder ein

neues Gesicht ist. Er mochte Tessa gern und ist frustriert über ihr »Verschwinden«, wie er es nennt. Dass sie gegangen ist, weil sie die Belastung nicht mehr ertragen hat, ignoriert er. Seiner Meinung nach hat sie genug Geld verdient und will jetzt Urlaub machen. Aber für mich spielt das keine Rolle, was er glaubt. Hauptsache, er kommt mit Tanja zurecht.

Schon nach wenigen Tagen stelle ich fest, dass Tanja mehr Sehnsucht nach ihrer Heimat hat, als den Wunsch, sich einzuleben. Endlose Telefonate mit ihrem Handy strapazieren meine Nerven und die meines Vaters. Während sie sich mit einer Hand das Telefon ans Ohr hält, kocht sie mit der anderen das Mittagessen.

An diesem Nachmittag, ich bin im Garten, sehe ich zufällig, wie Tanja durch das offene Küchenfenster gelehnt mit zwei Freundinnen plaudert. Offenbar stammen sie aus der gleichen Gegend in Polen, aus der sie kommt. Die beiden stehen mit dem Rücken zu mir und sehen mich nicht. Als ich um die Ecke des Hauses biege und einen Blick in das Wohnzimmer der Eltern erhasche, bin ich schockiert. Meine Mutter sitzt dort mit heruntergezogener Hose auf dem Toilettenstuhl.

Eine unglaubliche Wut befällt mich. Wie kann die Pflegerin auf der anderen Seite der Wohnung mit Freundinnen plaudern und meine Mutter auf dem Toilettenstuhl in solch entwürdigender Haltung sitzen lassen? Mein Vater ist nicht im Raum.

Ich laufe wieder um das Haus herum und mache mich bei den Damen, die immer noch am offenen Fenster reden, bemerkbar. »Tanja, meine Mutter braucht Hilfe«, sage ich ungehalten. Sofort verstummt das Gespräch. Alle sehen mich an, aber keiner weiß, was ich will. Ich deute mit der Hand in Richtung Wohnzimmer und rufe lauter, als ich vorhabe: »Meine Mutter braucht Sie!«

Jetzt begreift Tanja, was ich von ihr will. Sie verabschiedet ihre Freundinnen und verschwindet. Ich bleibe indessen stehen und sehe den beiden Frauen hinterher. Sie sehen sich noch zweimal um und tauschen vielsagende Blicke aus. Wenn ich jetzt bei ihnen Unbehagen ausgelöst habe, soll mir das nur recht sein. Ich will nicht, dass fremde Leute bei meinem Eltern ein- und ausgehen. Das ist immer noch ihre Wohnung.

Ich habe fest vor, am nächsten Tag mit Tanja über die unmögliche Situation für meine Mutter zu sprechen. Es muss doch klar sein, dass sie ein Recht auf ihre Intimsphäre hat. Doch kaum bin ich in der Wohnung angekommen, auf der Suche nach Tanja, sitzt meine Mutter schon wieder mitten im Wohnzimmer auf dem Toilettenstuhl. Dieses Mal ist mein Vater anwesend, wirkt aber äußerst unglücklich. Wie muss es ihm in einer solchen Situation ergehen?

»Tanja!«, rufe ich. »Wo sind Sie denn?« Sie eilt von der Terrasse in die Wohnung und grinst mich an.

»Warum kann meine Mutter nicht im Bad auf dem Toilettenstuhl sitzen?«, frage ich.

Ich bin nicht sicher, ob Mutter das mitbekommt, aber es spielt auch keine Rolle. Jeder Mensch, egal in welchem Zustand er sich befindet, hat ein Recht darauf, dass seine Würde gewahrt wird. Tanja scheint diesbezüglich nicht besonders sensibel zu sein, zeigt sich aber einsichtig. Trotzdem lässt es sich nicht mehr verhindern, dass sie mir ab sofort unsympathisch ist.

Am gleichen Abend noch bespreche ich mit Jens die Lage. »Die beiden tun sich nicht gut«, erkläre ich. »Mutter bräuchte mehr Halt, und Vater müsste mal wieder entspannen, was ihm neben Mutter nicht gelingt.«

Nur wie können wir sie voneinander trennen? Nach über fünfzig gemeinsamen Ehejahren ist das kaum vorstellbar. Meine Güte! Was ist nur aus ihnen geworden! Ich verdränge sofort wieder den Gedanken und konzentriere mich auf die Sache.

Nach längerem Hin und Her zeichnet sich ein Plan ab. Ich will meinen Vater überreden, meine Mutter in die Kurzzeitpflege zu geben, damit alle, insbesondere er, wieder zur Ruhe kommen. Manchmal, so hat man mir erklärt, ist die Kurzzeitpflege ein Weg in die stationäre Pflege. Mein Vater könne nachkommen und mit seiner Frau gemeinsam betreut leben. Er hätte dann endlich wieder Kontakt zu anderen Leuten. Ich bin ganz begeistert von meiner Idee.

Am nächsten Abend will ich mit meinem Vater sprechen. Doch leider habe ich dazu keine Gelegenheit. Ich will gerade hinuntergehen, als ich viele Stimmen im Treppenhaus höre.

»Was ist das denn?«, fragt Jens.

»Keine Ahnung!«, antworte ich verwirrt.

Um der Sache nachzugehen, öffne ich die Wohnungstür und werfe einen Blick hinunter. An der Haustür stehen einige mir völlig fremde Menschen, die lebhaft miteinander reden. Sie sprechen polnisch, und ich verstehe kein Wort.

Tanja sieht mich und schaut hoch: »Besuch!«, erklärt sie und grinst.

Es fühlt sich alles falsch an. Noch vor nicht allzu langer Zeit hat meine kleine Familie mit meinen Eltern hier im Haus allein gelebt. Es war unser gemeinsames Zuhause. Jetzt plötzlich geben sich fremde Leute die Klinke in die Hand, und ich fühle mich wie ein Fremder. Nein, eigentlich fühle ich mich wie ein Störfaktor. Dauernd treffe ich auf Menschen, die irgendetwas mit meinen Eltern zu tun haben. Ärzte, Pfleger, Physiotherapeuten, Logopäden usw. Die Liste ist lang, jeden Tag kommt jemand Neues dazu. Für mich wirkt das immer bedrohlicher. Das Vertraute, was ein Heim ausmachen soll, ist längst abhandengekommen.

Ich denke kurz nach und entscheide mich für eine Konfrontation. Wild entschlossen stürme ich nach unten. Die Leute stehen noch im Treppenhaus und diskutieren.

»Tanja, bitte! Können Sie Ihren Besuch verabschieden? Meine Tochter will schlafen, und ich will nicht, dass Sie Freunde hier empfangen«, sage ich zu ihr.

Es fällt mir schwer, ihr das zu sagen. Denn ich verstehe, dass sie sich freut, bekannte Gesichter zu sehen, und es genießt, ihre Sprache zu sprechen. Aber es bereitet mir ein solches Unbehagen, dass ich mich jetzt unbedingt durchsetzen will.

Tanja wirkt verärgert. Sie versteht nicht, was ich für ein Problem habe, fügt sich aber zähneknirschend. Nach dieser Szene steht für mich fest, sie kann nicht bleiben. Wir sind zu verschieden und passen nicht zueinander.

Umso wichtiger erscheint es mir jetzt, dass ich meinen Vater bald davon überzeuge, die Mutter in Kurzzeitpflege zu geben.

Am kommenden Morgen suche ich das Gespräch mit ihm. Meine Brüder habe ich schon überzeugt. Sie sind mit meinem Vorschlag einverstanden.

Vater ist allerdings noch unsicher: »Sie wird mich brauchen«, gibt er zu bedenken.

»Ja«, bestätige ich, »aber weil sie dich braucht, musst du dich zunächst einmal erholen«, erkläre ich. »Es nützt ja nichts, wenn du vor Erschöpfung zusammenbrichst. Außerdem ist es nur eine kurze Zeit. Deswegen auch ›Kurzzeitpflege‹. Mutter macht dort eine Art Urlaub für drei Wochen.«

Das leuchtet ihm ein, denn er nickt zustimmend. Doch er ist in der Zwickmühle. Da ist das gegenseitige Versprechen, den anderen nie ins Heim zu geben. Es schwebt wie ein Fluch über uns. Tatsächlich spricht er mich darauf an.

»Ich bin mir sicher, dass Mutter ihre Meinung geändert hätte, wenn sie gewusst hätte, was mit ihr mal geschehen wird«, versuche ich ihn zu beruhigen. »Du brauchst diese Erholung. Wir alle brauchen Erholung. Und wenn es ihr dort gut geht, kannst du dir in dem Haus eine Wohnung anschauen. Es gibt ja auch für dich die Möglichkeit, dort einzuziehen«, fahre ich fort.

Endlich nickt er langsam. Seine Augen füllen sich mit Tränen, als er sagt: »Du hast wahrscheinlich recht. Aber wir müssen auf Mutti aufpassen.« Ich verspreche ihm, dass er jeden Tag hinfahren kann, wann immer er will.

Nachdem ich meinen Vater überzeugen konnte, fühle ich mich hundeelend. So, als würde ich meine Mutter verkaufen. Ich bemühe mich, die aufkommenden Zweifel zu verdrängen. Der Weg ist richtig! Jetzt muss ich nur noch ein paar Steine aus dem Weg räumen.

Kurzzeitpflege – und was dann?

Das Heim macht einen guten Eindruck. Auch die Mitarbeiter sind sehr freundlich und bemüht. Es gibt sogar eine eigene Station für Demenzkranke, die ich bereits besichtigt habe. Alles könnte perfekt laufen, wäre da nicht meine Mutter, die dauernd ruft und nörgelt. Schon bei der Fahrt dorthin will sie ständig irgendetwas haben, ohne es benennen zu können. Ich lasse sie reden und versuche, ihr mal ein Taschentuch, mal einen Schlüssel in die Hand zu geben. Doch nichts kann sie zufriedenstellen. Sie ist immer mit ihren Fingern auf der Suche. Ein Glück, dass es diesen Fahrdienst gibt. Den Transport hätte ich allein nie geschafft.

Kaum sind wir angekommen, werden wir sehr nett empfangen. Ich fahre meine Mutter im Rollstuhl an einen Tisch, der mit Blumen dekoriert ist. Gerade ist Kaffee-und-Kuchen-Zeit. Es sitzen einige Heimbewohner hier, die alle einen sehr verwirrten Eindruck auf mich machen.

»Schau mal, Mutti! Wir kommen an, und gleich gibt es Kaffee und Kuchen«, versuche ich sie aufzumuntern.

Ich reiche ihr eine Tasse Kaffee. Mit einer unwirschen Handbewegung wischt sie die Tasse weg. Ich kann gerade noch rechtzeitig ausweichen, außer einer Pfütze auf der Untertasse passiert nichts weiter.

»Mutti! Was machst du denn?«, frage ich sie leicht gereizt.

So langsam ist meine Geduld für diesen Tag zu Ende. Wo ist denn überhaupt die nette Pflegerin geblieben, die uns auf die Station begleitet hat? Ich drehe mich um, sehe aber niemanden, der einem Mitarbeiter ähnelt.

»Halloooo!«, ruft meine Mutter. »Hallo!«

Die Tischnachbarn reagieren nicht. Wahrscheinlich ist es für sie nicht neu, dass hier ständig jemand »Hallo« ruft.

»Ich bin doch hier!«, sage ich beruhigend.

Aber sie sieht mich gar nicht an und ruft weiter. Jetzt ist es an der Zeit, dass ich mich auf die Suche begebe. Irgendwo muss es doch ein Schwesternzimmer geben, denke ich. Tatsächlich finde ich es ein paar Schritte weiter. Dort sortiert eine Pflegerin gerade Tabletten in Tagesboxen.

»Hätten Sie vielleicht mal kurz Zeit für uns?«, frage ich.

»Ich komme, sobald ich hier fertig bin«, verspricht sie mir.

Und ich denke bei mir, dass ich, sobald sie kommt, das Weite suchen werde. Wie kann sie das hier aushalten? Auf dem Gang und in den Zimmern hört man immer wieder jemanden rufen. Ich beobachte eine Frau, die ständig hin und her rennt und manchmal in der Ecke wie versteinert stehen bleibt. Obwohl mir bewusst ist, dass meine Mutter ebenso verwirrt und krank ist wie diese Menschen hier, scheint es mir falsch, sie hierzulassen. Die Pfleger, die auf der Station anscheinend nur zu zweit sind, haben viel weniger Zeit für meine Mutter als die Pflegerin zu Hause. Wie kann das gehen?, frage ich mich. Im gleichen Moment erinnere ich mich aber daran, dass die Situation zu Hause für uns nicht mehr erträglich war und ich deswegen mit meiner Mutter hier bin.

Als ich neulich auf der Straße eine Bekannte traf und ihr von der geplanten Kurzzeitpflege erzählte, sagte sie zu mir: »Meist dauert es ja nicht mehr lange, wenn jemand ins Heim kommt.«

Nachdem ich sie mit einem vermutlich ahnungslosen Gesicht ansah, ergänzte sie ihren Satz, indem sie die Sache auf den Punkt brachte: »Das mit dem Sterben, meine ich.«

Ach, das meint sie!, dachte ich.

Ich bringe also meine Mutter in die Kurzzeitpflege und hoffe, dass sie dort stirbt? Ist es das, was die Gesellschaft tatsächlich denkt?

Ein lang gezogenes »Hiiiilfe« reißt mich aus meinen Gedanken. Ich gehe zurück zum Kaffeetisch und sehe, wie eine Pflegerin sich ebenfalls auf den Weg zu meiner Mutter macht. Sie erreicht sie vor mir und beugt sich zu ihr hinunter: »Kommen Sie. Ich zeige Ihnen mal das Zimmer«, sagt sie sehr lieb zu ihr.

»Gut, Mutti. Ich gehe jetzt, okay? Erhol dich gut hier. Morgen komme ich dich besuchen!«

Erhol dich gut hier! Wie das klingt! So falsch! Alles erscheint mir in diesem Moment falsch. Und doch halte ich daran fest: Es ist der richtige Weg!

Mit hochgezogenen Augenbrauen sieht sie mich an. Ihr Gesicht hat einen fragenden Ausdruck. In diesem Moment habe ich das Gefühl, sie ist hellwach und weiß ganz genau, was ich noch kurz zuvor gedacht habe. Sie weiß, dass ich sie am liebsten nicht besuchen würde und dass es mir noch lieber wäre, ich bräuchte sie gar nicht mehr zu sehen.

Schnell drücke ich ihre Hand und gebe ihr einen Kuss auf die Wange.

»Tschüss, Mutti!«, sage ich noch und drehe mich um.

Niemand soll sehen, wie sich meine Augen mit Tränen füllen. Was bin ich doch für eine miserable Tochter. Es tut mir so leid, und ich schäme mich für meine geheimsten Gedanken. Sie ist doch meine Mutter.

Lange kann ich nicht nachdenken, denn schon unten an der Ausgangstür spricht mich eine Mitarbeiterin an: »Haben Sie eigentlich eine Vollmacht oder die gesetzliche Vertretung für Ihre Mutter?«, fragt sie.

»Was?«, erwidere ich erstaunt. »Äh… was meinen Sie damit?«

Sie erklärt mir, dass Menschen, die selbst nicht mehr entscheiden können, jemanden beauftragen müssten, der für sie entscheidet – sie müssten also eine Vollmacht erteilen. Wenn die aber nicht frühzeitig ausgeschrieben worden sei, müsse man die gesetzliche Vertretung über das Amtsgericht beantragen. Sonst könne ich meine Mutter nicht ins Heim bringen. Sie dürften ohne dieses Schriftstück eigentlich niemanden aufnehmen, erläutert die Mitarbeiterin weiter. Wegen der Dringlichkeit hätten sie eine Ausnahme gemacht. Ich müsse das Schreiben aber auf alle Fälle so bald wie möglich nachreichen.

Es bleibt mir keine Zeit für Tränen, Trauer und Frust. Die nächsten Formalitäten warten bereits darauf, von mir erledigt zu werden. So treibt es mich ständig zwischen nervigem Behördenkram und emotionalen Katastrophen hin und her. Eine gesetzliche Vertretung ist für die Behörde nur Routine, aber das menschliche Schicksal, das dahintersteht, ist eine andere Sache. Und wer soll diese Vertretung sein? Das zu entscheiden sollte, wie sich herausstellte, eine schwierige Sache werden.

Zu Hause angekommen, gehe ich gleich zu meinem Vater in die Wohnung. Er will doch bestimmt wissen, wie es Mutter geht. Ich finde ihn im Wohnzimmer mit Kaffee und Keksen. Neben ihm steht das Radio, laute Musik läuft.

Als ich hereinkomme, dreht er den Ton herunter und sieht mich fragend an.

»Und?«

»Alles okay!«, lüge ich ihn an. »Mutter wird sich dort schon einleben. Die Pflegerin hat sich gleich um sie gekümmert. Wenn du willst, besuchen wir sie morgen.«

»Jaja!«, meint er resigniert.

»Ich kann aber auch einen Ausflug für dich organisieren. Dann hast du etwas Ablenkung«, schlage ich ihm vor.

»Mhm«, antwortet er. Ich schließe daraus, dass er die Idee gut findet.

Ein wenig Abwechslung wird ihm guttun. Ich hoffe auch, dass er wieder Lebensmut schöpft.

»Ich kenne jemanden, der Zeit hätte, mit dir etwas zu unternehmen«, fahre ich fort. »Hättest du Lust auf eine Dampferfahrt?«

»Von mir aus«, meint er.

Ich bin begeistert. Sollte es doch noch gelingen, ihn zurück ins Leben zu bringen? Erst kürzlich habe ich erfahren, dass es eine Stiftung gibt, die sich Angehörigen von Demenzkranken annimmt. Dort will ich anrufen. Ich hoffe, sie können meinem Vater wieder etwas Lebensmut zurückgeben.

Schon am nächsten Tag kommt eine Mitarbeiterin der Stiftung zu uns. Wir sitzen gemeinsam auf der Terrasse. Meinen Vater habe ich vorab über den Grund des Besuches informiert.

»Sie kann dir ein paar Vorschläge machen, wie du wieder mehr Spaß am Leben bekommst«, sagte ich zu ihm.

»Spaß … haha! Ja, was für ein Spaß kann das werden?«, bemerkt er zynisch. »Ich seh nix, und sprechen kann ich auch nicht.«

Trotz der regelmäßigen Übungen mit der Logopädin fällt ihm das Sprechen schwer. Wenn er sich jedoch anstrengt, versteht man ihn wunderbar.

Ich versuche mir meinen Ärger nicht anmerken zu lassen. »Gib der Sache bitte eine Chance!«, flehe ich ihn an.

Aber an diesem Nachmittag gibt er der Sache keine Chance. Er ist sehr unfreundlich und wirkt extrem verbittert. Alle Vorschläge, die die Stiftungsmitarbeiterin meinem Vater macht, lehnt er ab. Besuche oder Ausflüge werden kommentiert mit »Brauch ich nicht!« oder »Kenn ich schon, den Schmarrn!«. Nach einer Stunde gibt sie auf. Zwar immer noch freundlich, aber ich weiß jetzt schon, dass sie es abgehakt hat, wir werden wohl nie wieder etwas von ihr hören.

Immer mehr wird mir klar, dass meinem Vater nicht mehr zu helfen ist. Er will nicht mehr positiv denken und sieht keinen Grund mehr zu leben. Das Einzige, was ihm bleibt, ist, uns das Leben schwer zu machen. Darin gibt er sich besonders Mühe. Er schimpft über die Pfleger, über die Ärzte und über den Rest der Familie, der nicht anwesend ist. Keiner kann es ihm mehr recht machen. Meist lasse ich ihn reden und gehe nicht mehr auf seine Worte ein. Doch wenn ich nach so einem Gespräch gehe, steht er immer ganz höflich auf, drückt mir die Hand und sagt: »Dank dir schön, Martina!« Und das tut jedes Mal weh, weil es sich so echt anhört. Da merke ich immer, wie ein Teil meines Herzens trotz allem für ihn schlägt.

Am Abend nach der Abfuhr bin ich sehr wütend. Wieder sind meine Bemühungen ins Leere gelaufen. Beim Abendessen habe ich kaum Hunger. Es geht mir nicht gut. Ich habe Kopfschmerzen und muss ständig niesen.

»Hast du dich erkältet?«, fragt Jens erstaunt.

»Nicht, dass ich wüsste« antworte ich.

Das ist sicher keine Erkältung, denn die fühlt sich anders an. In der nächsten Stunde macht sich ein merkwürdiger Druck auf meiner Brust breit. Es dauert nicht lange, bis meine Bronchien zu sind, es pfeift beim Ausatmen. Auch die Nase ist verstopft.

Ich sitze kerzengerade auf dem Sofa und schaue Jens erschrocken an. »Was um Himmels willen ist das?«, frage ich mit weit aufgerissenen Augen. »Ist das vielleicht ein Asthmaanfall?«

Ich hatte noch nie einen solchen Anfall, habe aber schon einiges darüber gelesen. Den Symptomen nach könnte es tatsächlich Asthma sein. Hektisch gehe ich zu unserem Medizinschrank, in dem ich jedoch nur ein herkömmliches Nasenspray finde. Besser als nichts, denke ich und sprühe es mir in die Nase, durch die ich jetzt immerhin wieder Luft bekomme. Jens bringt mir einen kühlen Waschlappen, den ich mir auf den Kopf lege.

»Leg dich doch etwas hin«, schlägt er vor.

»NEIN!«, antworte ich hysterisch. »Das ist das Letzte, was ich gerade will!« Ich gehe in der Wohnung hin und her. Frische Luft, denke ich. Das brauche ich jetzt. »Ich gehe nach draußen«, sage ich.

Jens fragt nicht, sondern geht einfach mit. Er will mich nicht allein lassen. So gehen wir ein paar Schritte vor unserem Haus an der frischen Luft spazieren. Nach einigen Minuten lässt der Anfall nach, und ich entspanne mich.

»Gleich morgen gehst du zum Arzt. Okay?«, sagt Jens.

»Ja. Da kannst du sicher sein«, verspreche ich.

Mittlerweile wohnt meine Mutter einige Tage im Pflegeheim. Ich habe es noch nicht geschafft, sie zu besuchen. Meine Brüder waren schon bei ihr. Hatte ich keine Zeit, oder wollte ich sie nicht besuchen? Diese Frage stelle ich mir tatsächlich, bleibe die Antwort aber schuldig. Tatsächlich ist es jetzt noch schwieriger, beiden gerecht zu werden. Der eine lebt hier, der andere dort.

Ich habe meinen Vater am Tag zuvor gefragt, ob er seine Frau besuchen will. Er schüttelte nur den Kopf. Nein, sollte das heißen, ich will nicht. Dabei war ich eigentlich sicher, dass er jeden Tag hinfahren will.

Heute muss ich den Antrag auf die gesetzliche Vertretung stellen. Mein ältester Bruder und ich wollen das gemeinsam für unsere Mutter übernehmen.

»Wieso nicht ich?«, fragt mich mein Vater.

Ich sitze bei ihm am Tisch, während er seinen Kaffee trinkt.

»Vati«, beginne ich geduldig. »Ich glaube, dass es besser ist, wenn wir das machen. Du hast doch schon so viel mit dir selbst zu tun«, erkläre ich.

Es ist völlig unmöglich, dass er die Verantwortung für seine Frau übertragen bekommt. Zwar ist er nicht dement, aber seine Aussagen sowie sein Verhalten in der letzten Zeit sind nicht im Interesse unserer Mutter. Es scheint so, als wäre er getrieben von einer großen Wut und Verzweiflung, die es unmöglich macht, ihn als gesetzlichen Vertreter für seine Frau einzusetzen. Aber so kann ich ihm das nicht sagen.

»So ist das also! Ich habe nichts mehr zu melden«, sagt er und ist zutiefst gekränkt.

»Das kannst du doch nicht sagen«, erwidere ich. »Wir versuchen nur, euch zu helfen. Außerdem werden wir nichts tun, was der Mutti schadet. Das weißt du doch!«

Meine Worte verpuffen im Raum. Nichts zu machen. Er will jetzt beleidigt sein und glaubt an eine große Verschwörung.

»An das Geld komme ich nicht mehr ran. Ich darf nichts mehr für meine Ehefrau entscheiden. Ich bin nichts mehr wert«, schimpft er und sieht mich bitterböse an.

Ich will nicht mehr mit ihm weiterstreiten. Er wird seine Meinung nicht ändern. Das habe ich so oft in der letzten Zeit erlebt.

Wortlos stehe ich auf und gehe. Trotz allem tut es mir weh. Es tut mir so sehr weh, was aus uns geworden ist. Eine eiskalte Hand greift nach meinem Herzen, und ein Ziehen fährt durch meinen Bauch, während ich die Treppen nach oben gehe. Meine Eltern haben mich verlassen. Zurückgeblieben sind eine Frau ohne Verstand und ein Mann, der nichts mehr mit dem liebenden Vater von früher gemein hat. Das Schlimmste ist, ich verliere die Erinnerung an sie, wie sie früher waren. Die Bilder von damals werden verdrängt von den übermächtigen Szenen, die sich jeden Tag im Haus abspielen. Ich wünsche mir, weit weg zu sein.

Wäre ich doch nur in Griechenland geblieben!

Am nächsten Tag bringe ich den Antrag beim Amtsgericht vorbei. Der Rechtspfleger macht mich darauf aufmerksam, dass die Behörde mit Inkrafttreten der gesetzlichen Vertretung einen jährlichen Bericht will. Des Weiteren wird ein Richter meine Mutter besuchen und prüfen, ob der Antrag gerechtfertigt ist. Größere Veräußerungen von Gegenständen wie Auto oder Haus können nur mehr mit Absprache des Gerichtes getätigt werden, auch kann über höhere Geldbeträge nicht mehr ohne Einwilligung der Behörden verfügt werden.

Ich bin einmal mehr schockiert. Plötzlich müssen wir eine Behörde fragen, wenn wir größere Summen ausgeben? Wie wird mein Vater darauf reagieren, wenn er das erfährt? Und ich bin sicher, er wird es erfahren. Doch wir haben keine andere Wahl. Meine Mutter hat keine Vorsorgevollmacht ausgestellt, in der sie die Betreuung frühzeitig festgelegt hat. Wäre dieses Formular im Haus, hätten wir es sehr viel einfacher gehabt und bräuchten den Gang zur Behörde nicht anzutreten. Und das alles nur, weil sie jetzt in der Kurzzeitpflege ist, denke ich mir. Morgen muss ich sie mal besuchen, nehme ich mir vor.

Auf dem Nachhauseweg wird mir erst klar, wie abstrakt sich die ganze Situation entwickelt hat. Meine Mutter ist in einem Heim untergebracht, bei uns wohnen zeitweise zwei Pflegerinnen im Haus, Personen gehen ein und aus, und nun haben wir auch noch einen trockenen Behördenmenschen mit im Boot, der Paragrafen zitiert und einen jährlichen Rechenschaftsbericht will.

Zynische Gedanken gehen mir durch den Kopf. Soll ich mir eine 400-Euro-Kraft suchen, die den ganzen Formularkram für mich erledigt? Oder ist es vielleicht besser, eine Putzfrau zu finden, die mir im Haushalt hilft? Oder vielleicht eher eine Betreuung für Lena? Möglich wäre aber auch, dass ich zu arbeiten aufhöre und alles selbst mache. Allerdings fehlen uns dann am Ende des Monats ein paar Euro.

Ich muss ein wenig grinsen bei diesen Planspielen, trotz all meiner Sorgen. Natürlich ist das Blödsinn. Denn meinen Job aufzugeben kommt überhaupt nicht infrage. Und eine 400-Euro-Kraft kann ich mir nicht leisten.

Aber was soll ich denn noch alles tun?

Heute will ich meine Mutter besuchen, allerdings fahre ich ohne meinen Vater. Mit ihm im Schlepptau wird es mir zu stressig. Er zeigt auch kein großes Interesse mitzufahren. Lena will mitkommen, und ich bin dankbar dafür. An ihr kann ich mich ein bisschen festhalten. Ihre Unbekümmertheit und ihre liebenswerte Art sind eine unermessliche Stütze für mich.

Schon beim Betreten des Pflegeheims spüre ich Panik aufkommen. Am liebsten würde ich sofort wieder umkehren und nach Hause fahren. Ich kann diese Tristesse einfach nicht mehr ertragen.

»Mama, wo ist die Oma denn?«, fragt Lena.

An einem Tisch sitzen einige Bewohner und starren uns an. Lena sieht sich suchend um.

»Warum ist sie nicht hier?«, fragt sie.

»Keine Ahnung«, antworte ich. »Vielleicht ist sie in ihrem Zimmer.«

Auf dem Flur treffen wir eine Pflegerin. Ich frage sie nach meiner Mutter.

»Sie ist in ihrem Zimmer. Sie wollte heute nicht aufstehen«, meint die Pflegerin kurz angebunden und eilt weiter.

Wir gehen den Flur entlang und hören Stimmen und Geräusche, die wir nicht hören wollen. Eine Frau läuft im Kreis herum und murmelt etwas vor sich hin. Lena sieht sie kurz an, sagt aber nichts. Endlich sind wir an der richtigen Tür und gehen hinein. Da liegt sie in ihrem Bett, meine Mutter, ganz still. Sie sieht uns an. Ein kleines Lächeln huscht über ihr Gesicht. So, als würde sie uns erkennen. Erkennt sie uns vielleicht tatsächlich?

»Hallo, Oma!«, ruft Lena und eilt an ihr Bett. Sie nimmt die Hand ihrer Großmutter und streichelt sie zärtlich.

»Hallo, Mutti!«, begrüße ich sie.

Aber meine Mutter antwortet nicht. Sie liegt nur da und sieht uns an. Während Lena auf sie einredet, sehe ich, wie sie immer wieder einnickt. Oder sie formuliert Wörter, die wir nicht verstehen. Sie sieht nicht gut aus, wie sie da in ihrem Bett liegt. Vergessen von der Welt.

So habe ich mir das nicht vorgestellt! Sie soll doch nicht so allein sein. Und wenn sie jetzt hier stirbt? Dann stirbt sie ganz allein. Hier, in diesem Zimmer, das so kahl und unpersönlich ist wie eine Bahnhofsgaststätte. Ja, ich gebe zu, dass ich mir wünsche, dass sie sterben kann und endlich ihren Frieden findet. Sie und wir auch. Seit über zwei Jahren ist sie nicht mehr sie selbst. Quälende Monate liegen hinter ihr, in denen ihr Leben von Leid und endloser Verwirrung bestimmt war. Aber so soll sie nicht sterben! Auf gar keinen Fall darf das passieren.

Ich merke es gar nicht, aber plötzlich sieht mich Lena an und hört auf zu reden.

»Was hast du denn, Mama?«, fragt sie mich besorgt. »Wieso weinst du denn?«

Sie kommt zu mir und umarmt mich fest.

»Nichts«, versuche ich meine Gefühle herunterzuspielen. »Es ist nichts.« Doch gleichzeitig strömen Tränen über mein Gesicht.

Ich bin so hilflos und weiß mir keinen Rat. Meine Mutter ist wieder eingeschlafen, und ich gehe leise mit Lena in Richtung Tür. Mein Blick fällt auf die Frau, die mit im Zimmer liegt. Schon beim Betreten des Raumes hat sie an die Decke gestarrt. Jetzt, eine halbe Stunde später, liegt sie immer noch da wie zuvor und starrt an die Decke. Eine grauenvolle Atmosphäre liegt über diesem Zimmer.

»Mama? Lebt die Frau noch?«, fragt mich Lena, als wir die Tür hinter uns geschlossen haben.

»Ich habe keine Ahnung«, antworte ich.

Am Abend führe ich ein Telefonat mit meinen Brüdern. Ihnen ist der schlechte Gesundheitszustand unserer Mutter auch aufgefallen, und wir entscheiden, einen Arzt zu ihr zu schicken. Gleich am nächsten Tag überweist dieser sie ins Krankenhaus. Dort erfahren wir die erschütternde Diagnose: Unsere Mutter ist stark dehydriert, und ihr allgemeiner Zustand ist kritisch. Es ist offensichtlich, dass sie nicht genug betreut wurde. Die Dokumentation weist Lücken auf.

Wir alle sind bestürzt! Damit hatten wir nicht gerechnet. Jetzt ist mir aber auch klar: Meine Mutter kann nicht mehr ins Pflegeheim zurück!

Wie soll es jetzt nur weitergehen?

Kapitel 5

Mitte bis Ende 2007

Das Ende des Familientraums?

»Du hast das gut geplant«, versucht Jens mich zu trösten. »Es kann doch keiner ahnen, dass das Personal in der
Kurzzeitpflege während der Urlaubszeit so knapp ist.«

Wir sitzen auf dem Balkon und unterhalten uns mit ge-
dämpfter Stimme. Mein Vater ist noch wach und sitzt unter uns im Wohnzimmer. Samanta ist bei ihm. Sie sehen
gemeinsam fern. In ein paar Tagen kommt meine Mutter
aus dem Krankenhaus. Der Gedanke, dass wieder alles von
vorn beginnt, jagt mir einen Schauer über den Rücken. Ein
anderes Pflegeheim zu finden ist kein Thema mehr. Die
schlechten Erfahrungen haben alle schockiert. Und mein
Vater will, dass seine Frau wieder nach Hause kommt.

»Mag sein, dass es nicht meine Schuld ist. Aber ich habe
keine Kraft mehr«, sage ich.

Der Gedanke, dass mein Vater demnächst auch ins Pflegeheim übersiedelt, hat mich die letzten Wochen über
Wasser gehalten. Es hätte alles so gut werden können.
Mutter und Vater wären zusammen gewesen, aber unter
ständiger Betreuung und in getrennten Häusern. Mein Vater hätte vielleicht Kontakt zu anderen Bewohnern bekommen, hätte Veranstaltungen besuchen können oder
gar den einen oder anderen Ausflug mitgemacht. Und mein
Leben und das meiner Familie hätte sich wieder norma-

lisieren können. Wir hätten sie einmal in der Woche besucht, um dann wieder ins unsere Welt zurückzukehren.
Doch jetzt sieht es gar nicht mehr so aus, als ob es je wieder normal werden könnte.

»Langsam bin ich davon überzeugt, dass mich meine
Eltern überleben«, sage ich frustriert zu Jens.

Er zuckt nur mit den Schultern. Dazu fällt ihm auch
nichts ein. Beide sitzen wir gedankenversunken da und
starren in die Nacht.

»Wir ziehen aus!«, sage ich plötzlich in die Stille.

»Was? Wie stellst du dir das vor?«, fragt Jens erschrocken. Der Gedanke überrascht ihn offensichtlich.

»Ganz einfach. Wir mieten oder kaufen uns eine Wohnung«, antworte ich und versuche, meiner Stimme einen
festen Ausdruck zu verleihen. Ich will ihm das Gefühl geben, dass meine Entscheidung unumstößlich ist.

Jens ist völlig überrumpelt. Bis vor Kurzem haben wir
einen großen Teil unseres Geldes in die Renovierung der
Wohnung sowie des Hauses gesteckt. Unser Plan war
eigentlich ein anderer. Wir sollten das Haus später einmal
übernehmen.

»Wie willst du das deinen Eltern erklären?«, fragt er.

Stimmt. Das könnte zu einem Problem für mich werden.
Ich habe noch die Worte meiner Mutter im Ohr: »Wenn
ihr das Haus jemals verkaufen werdet, dreh ich mich im
Grab um.« Es wäre Verrat, wenn wir jetzt auszögen. Wir
würden zwar nicht verkaufen, aber letztendlich liefe es
vielleicht mal darauf hinaus. Meine Mutter würde davon
sicher nichts mehr mitbekommen, mein Vater jedoch
schon. Es nagt an mir, dass es ihnen einmal so wichtig war,
dass ihr Besitz in der Familie bleibt. Das Grundstück hat

unser Großvater gekauft, er hat es an uns weitergegeben. Ich würde das Haus gern behalten!

Schaffe ich es wirklich, unsere Möbel an der Wohnungstür meiner Eltern vorbeizuschleppen? Wird mein Vater hinterm Fenster stehen und mir zusehen? Wird er dabei weinen?

»Du hast recht. Ich schaffe das nicht«, sage ich. »Obwohl es eigentlich die einzige Lösung wäre.«

»Und wer sollte dann hier wohnen?«, gibt Jens zu bedenken.

»Was weiß ich denn? Soll sich doch mal jemand anderes fertigmachen lassen«, antworte ich. Mehr fällt mir nicht ein. Auch Jens hat keine Idee, wie es weitergehen soll.

»Ich kann schon gar nicht mehr in die Wohnung meiner Eltern gehen«, sage ich. »Es erdrückt mich alles dort. Die Stimmung, das Leiden, die Trostlosigkeit und die Wut meines Vaters!«

Letzteres ist fast noch schlimmer zu ertragen als die leeren Augen meiner Mutter.

»Ich könnte das doch übernehmen? Mir macht das nichts aus«, schlägt er vor.

Hinter uns geht die Balkontür auf, und Lena kommt heraus.

»Ich hab euch gehört«, sagt sie. »Oma muss aber wieder nach Hause kommen. Wo soll sie denn sonst hin?«

Anscheinend war ihr Fenster gekippt, und sie konnte unser Gespräch mithören.

»Ja, mein Schatz. Aber so einfach ist das nicht. Bestimmt finden wir eine Lösung.«

»Ich will nicht von hier wegziehen. Und Oma soll auch wieder da sein«, sagt sie.

Wünsche, die ich zwar verstehen kann, die sich jedoch nicht mit meinen decken. Dennoch bin ich froh, dass Lena nicht allzu viel von dem Stress mitbekommen hat. Sonst würde sie sich nicht so äußern.

»Versprichst du mir das?«, fragt sie.

»Nein. Das kann ich dir nicht versprechen. Ich habe keine Ahnung, wie es weitergehen soll«, erkläre ich ehrlich.

Es ist leider die Wahrheit. Kürzlich hat mir die Freundin, die im Seniorenheim arbeitet, erklärt, dass Menschen mit Demenz noch viele Jahre vor sich hin vegetieren können, bevor sie endlich sterben. Jahre! Was für ein schrecklicher Gedanke.

»So wie es aussieht, wird Oma wieder nach Hause kommen«, sage ich. »Wie es dann für uns weitergeht, kann ich dir leider noch nicht sagen.«

Ich beruhige Lena damit, dass wir alle Entscheidungen unsere Familie betreffend gemeinsam treffen werden. Wir werden nicht umziehen, ohne mit ihr vorher darüber zu reden. Mit dem Versprechen erklärt sich Lena bereit, wieder ins Bett zu gehen.

Fluchtgedanken

Kurz bevor meine Mutter nach Hause kommt, treffe ich Inga im Krankenhaus. Sie kommt gerade von einem Besuch bei meiner Mutter. Ich bin gerührt. Sie war vor einiger Zeit mal zur Aushilfe bei uns – stundenweise half sie bei der Betreuung mittags und im Haushalt. Inga ist selbstständig, hat einen Gewerbeschein und bietet mir spontan an, sich rund um die Uhr um meine Mutter zu kümmern, als ich ihr unsere Probleme schildere. Ihre letzte Patientin ist gerade verstorben, und sie hat Zeit. Von Tanja haben wir uns getrennt, und Samanta kann die Pflege nicht allein schultern, deswegen willige ich ein. Ich bin froh, eine neue Lösung gefunden zu haben. Auch wenn es nicht so läuft, wie ich das ursprünglich wollte.

Zu Hause hat sich nichts geändert. Die Lage ist weiterhin angespannt. Mein Vater beginnt um sechs Uhr morgens seinen Gang zum Briefkasten, um die Zeitung zu holen. Fünf Minuten später geht er wieder hin, um zu sehen, dass er sie schon geholt hat. Er schaut in den Kasten, schließt ihn wieder und geht zurück. Diese Szene wiederholt sich drei bis vier Mal, bis wir gegen sieben aus dem Haus gehen. Jeden Morgen wache ich mit dem Knarren der Tür auf und weiß: Mein Vater ist wieder unterwegs. Und immer schwingt die Angst mit, hoffentlich weckt er meine Mutter nicht auf. Inga kommt erst gegen acht Uhr. So oft habe ich ihn gebeten, einfach bis sieben im Bett liegen zu bleiben, aber er hat jegliches Zeitgefühl verloren. Noch vor ein paar Jahren war er derjenige, der am längsten im Bett lag. Frühstück gab es bei meinen Eltern meist erst gegen neun Uhr. Jetzt ist alles anders.

Eine große Unruhe beherrscht ihn, die ihn ständig dazu treibt, umherzulaufen. Nachdem dies so auffällig wurde, habe ich im Internet recherchiert und gelesen, dass die Rastlosigkeit ein Verhaltensmerkmal bei einer Depression sein kann. Überhaupt passt das ganze veränderte Verhalten meines Vaters auf die Beschreibung einer schweren Depression. Zwar wird er medikamentös behandelt, es scheint aber nicht viel zu bringen. Die Rastlosigkeit macht mich ganz verrückt, weil ich immer befürchte, dass ihm ein Blödsinn einfällt oder er meine Mutter weckt. Es ist schon öfter vorgekommen, dass sie durch sein Herumgelaufe aufgewacht ist. Sie fängt dann an zu rufen oder versucht, sich aufzurichten, was wiederum dazu führt, dass mein Vater übellaunig wird. Immer wieder musste ich nach unten, weil ich befürchtete, dass die Situation im Erdgeschoss eskaliert. Mehrmals habe ich die Pflegerin geholt, weil ich selbst nicht wusste, wie ich mich verhalten sollte. Sie kennt die Eltern mittlerweile besser als ich und weiß, was zu tun ist. Ich tue das nicht gern, weil sie zum einen nicht immer Dienst hat und zum anderen meistens um diese Uhrzeit noch gar nicht wach ist.

An diesem Morgen jedoch ist meine Mutter noch nicht wach, als Lena mit mir zum Auto geht. Kaum öffnen wir die Wohnungstür oben, geht zeitgleich unten die Tür auf, und mein Vater prescht heraus. Ich atme tief ein und sammle meine Kräfte. Er ist ein alter, einsamer Mann, der seine Frau und sein Leben verliert – ich muss nett zu ihm sein, denke ich immer wieder.

»Guten Morgen!«, rufe ich fröhlich. »Alles klar bei dir?«

Eine obligatorische Frage, auf die ich keine Antwort erwarte. Seit Monaten höre ich nur, wie schlecht es ihm geht und wie sehr er sich wünscht, tot zu sein.

»Guten Morgen«, brummelt er und läuft neben uns her zum Gartentor. Dabei murmelt er etwas Unverständliches und schüttelt den Kopf.

Soll ich ihn fragen, was passiert ist? Verstohlen schaue

ich auf die Uhr. Es ist höchste Zeit für uns, Lena muss zum Zug.

»Ich komme heute Mittag mal vorbei«, sage ich, damit er das Gefühl hat, ich kümmere mich. Aber jetzt geht es einfach nicht.

»Jaja… immer im Stress. Kenn ich schon«, beklagt er sich.

Ich gehe nicht darauf ein, wir rufen ihm nur ein fröhliches Servus zu. Lena winkt noch aus dem Auto. Und wieder steht er am Tor und winkt uns nach. Und wieder sehe ich ihn bis zur nächsten Kurve im Rückspiegel. Da steht ein gebrochener alter Mann, der mit der Welt hadert.

Wie wäre es nur, wenn ich mal ohne Kloß im Bauch morgens wegfahren könnte? Als Lena noch kleiner war, hatte ich immer ein schlechtes Gewissen, wenn ich zur Arbeit fuhr und sie nicht mitkonnte. Heute habe ich ein schlechtes Gewissen, weil ich nicht genug Zeit für meine Eltern habe. Hört das denn nie auf?

Mir wird bewusst, dass das Leiden meiner Eltern durch die örtliche Nähe rund um die Uhr für mich präsent ist. Ich bin ständig in irgendeiner Form damit konfrontiert. Schon lange beneide ich meine Brüder, die nach ihrem Besuch die Tür hinter sich schließen und der Situation dadurch entfliehen können.

Wie kann ich nur entkommen? Diese Frage stelle ich mir immer öfter, und eines Tages habe ich eine Idee. Eine Treppe am anderen Ende des Hauses, die zu unserer Wohnung in den ersten Stock führt, könnte die Lösung sein. Keine Pflegerin, die mich mittags erwartet, kein Vater, der hinausprescht, wenn ich morgens zur Arbeit fahre. Wir wären wieder für uns.

Ich rufe einen meiner Brüder an. Kaum trage ich ihm meinen Vorschlag vor, wird er sofort abgeschmettert – mit der Begründung, dass eine Baumaßnahme für meine Eltern in ihrem Zustand eine Zumutung wäre. Wie so oft geht es mal wieder nur um die Eltern, denke ich. Wer macht sich denn mal Gedanken über mich und meine Familie?

Ich knalle den Telefonhörer auf den Tisch. Jens sieht mich erstaunt an.

»Was ist passiert?«, fragt er.

»Die Eltern, die Eltern, die Eltern...«, fahre ich ihn an. »Immer geht es nur um sie. Wer fragt eigentlich mich, wie es mir geht?« Ich merke, wie mein Temperament mit mir durchgeht. »Ich hab doch alles versucht, aber sie helfen nicht mit!« Ich merke, dass ich mich in Rage rede. »Und jetzt, nachdem es langsam unerträglich wird im Haus, soll *ich* meine Koffer packen! Wieso denn ausgerechnet ich und nicht die Eltern? Die sind doch das Problem, oder?«

»Sagt wer?«, fragt mich Jens.

»Na, das ist doch klar. Wenn ich ein Problem habe, muss ich ausziehen. Aber wir haben uns doch hier etwas aufgebaut, die Wohnung renoviert. Und überhaupt ist das doch unser Zuhause! Das scheint niemanden zu berühren!«

»Warum regst du dich so auf?«, fragt Jens.

»Ich rege mich auf, weil ich keine Anerkennung bekomme, für das was wir hier leisten. Vater ist nur bockig und böse, und alles was ich vorschlage, um unsere Situation zu verbessern, wird abgelehnt.«

Meine Brüder haben keine Ahnung, was es bedeutet, tagtäglich mit der Pflegesituation konfrontiert zu sein. Was es heißt, wenn jedes Geräusch in unsere Wohnung getragen wird, jedes Türknallen mich zusammenzucken lässt, jedes Rumpeln aus der unteren Wohnung Adrenalin in meine Adern schießen lässt. Diese Ahnungslosen, sie haben keinen Schimmer, wie sehr es nervt, dass mein Vater jeden Tag an der Tür steht und schlecht gelaunt sein »Morgen« brummelt.

»Wenn ich es mir so recht überlege, dann sieht das überhaupt niemand, was wir hier aushalten müssen. Und ich frage mich: Warum halten wir es überhaupt noch aus?«

Die Frage bleibt im Raum stehen. Die Antwort ist zu simpel. Es sind meine Eltern, die ich pflegen muss. Jetzt komme ich da nicht mehr raus.

Oder doch?

Es ist Wochenende, und ich liege mal wieder krank im Bett. Es ist nun schon das vierte Mal in diesem Jahr, dass aus einem Schnupfen eine eitrige Stirnhöhlenentzündung wurde und ich Antibiotika nehmen muss. Der Arzt meint, mein Immunsystem sei nicht ganz in Ordnung. Woher das kommt, weiß er auch nicht. Ich jedoch ahne es. Immer mehr beginne ich zu begreifen, dass meine Lebenssituation mich krank macht.

Jens bemüht sich sehr und geht täglich zu den Eltern in die Wohnung. Seine Unterstützung führt dazu, dass ich das nicht mehr jeden Tag tun muss. Aber es bringt nicht die erhoffte Entspannung. Manche Dinge, wie die regelmäßigen Gespräche mit den Pflegern, kann nur ich selbst erledigen, und ob ich will oder nicht, ich sehe die Wohnung meiner Eltern täglich. Ständig werde ich an die schwierige Situation der beiden erinnert: an den Geruch, die Geräusche, das Umfeld ... Ich erkenne, dass es Zeit wird zu handeln.

Jens und ich fangen an, den Wohnungsmarkt zu beobachten. Schon bald wird klar, dass es nicht so einfach ist, mit Kind und Hund in der Nähe eine passende Wohnung zu finden.

»Vielleicht sollten wir auswandern«, schlage ich eines Tages vor. »Wie wäre es mit Kanada?«

Jens erkennt gleich, dass ich es ernst meine, und ist entsetzt. »Geht es nicht noch etwas weiter weg?«, fragt er.

»Wieso? Ich finde, wenn schon weg, dann richtig!«

Ich habe das dringende Bedürfnis, viel Abstand zwischen mich und meine Eltern zu bringen. Einige Tage müssen Jens und Lena sich mit mir und meiner Idee auseinandersetzen. Ein Buch über Kanada soll die beiden überzeugen. Doch nichts hilft, sie wollen nicht weg aus Deutschland.

»Ich gehe doch nicht in ein Land, in dem es Bären gibt!«, ruft Lena. »Nie und nimmer!«

Irgendwann gebe ich es auf und streiche Kanada. Das Buch wandert ins Regal und wird nie wieder herausgeholt. Ich werde ein anderes Ziel für meinen Frieden suchen müssen.

Jetzt reicht's!

Jens ist für ein paar Tage geschäftlich unterwegs, weswegen ich morgens ziemlich im Stress bin. Aufstehen, Frühstück machen, Lena antreiben, schnell mit dem Hund eine Runde laufen und zu guter Letzt noch eine Tasse Kaffee schlürfen. Etwas zum Frühstücken will ich mir unterwegs kaufen. Dafür habe ich keine Zeit mehr. Schnell räume ich das schmutzige Geschirr in die Spülmaschine, bevor wir gehen. Ich hasse es, wenn es mittags noch herumsteht.

Auf einmal höre ich laute Geräusche von unten. Was war das denn?, denke ich.

»Lena! Beeil dich bitte. Wir müssen gleich los«, rufe ich in Richtung Kinderzimmer.

Dann höre ich, wie unten im Schlafzimmer die Rollos hochgezogen werden. Das darf doch nicht wahr sein! Wer macht denn so was? Die Pflegerin ist heute nicht im Haus. Sie kommt erst gegen acht Uhr. Eigentlich kein Problem, weil Mutter normalerweise so lange schläft. Aber wenn sie früher aufgeweckt wird, dann wird es schwierig. Ich sehe auf die Uhr. Wir haben noch fünfzehn Minuten.

»Lena, mach dich bitte fertig! Ich schau mal kurz, was da los ist bei Oma und Opa, okay?«, sage ich und sause schnell nach unten. Vor der Tür verharre ich kurz und lausche.

Ich höre die Stimme meines Vaters im Schlafzimmer. Mist, denke ich. Was mache ich denn jetzt? Es nützt nichts, ich muss nachsehen. In der letzten Zeit hat mein Vater öfter aggressive Züge gezeigt. Nicht, dass er meine Mutter körperlich angegriffen hätte, aber er zerrt an ihr herum oder versucht sie von A nach B zu bringen. Ich habe dabei immer Angst, dass sie stürzen und sich verletzen. Oft versteht meine Mutter gar nicht, was ihr Mann von ihr will, und sieht ihn nur ganz erschrocken an. Sie tut mir so unendlich leid, weil sie dann seinen Aktionen hilflos ausgesetzt ist. Es ist mir also unmöglich, das Vorgehen im Schlafzimmer der Eltern zu ignorieren.

Ich betrete die Wohnung. Mein Vater steht am Bett der Mutter und drückt sie immer wieder zurück auf das Kissen.

»Bleib liegen!«, sagt er energisch.

»Warum hast du denn das Rollo hochgezogen?«, frage ich.

»Weil es hell ist. Zeit zum Aufstehen!«, ruft er. »Und natürlich ist niemand da! Ich muss alles selbst machen.«

Was ist nur in ihn gefahren? Ständig tut er Dinge, die mich und andere in Schwierigkeiten bringen. Er sucht nach Aufmerksamkeit und merkt offenbar gar nicht, welchen Psychoterror er veranstaltet.

Schnell entscheide ich, dass Lena allein zum Bahnhof gehen muss. Ich eile wieder nach oben und packe das Pausenbrot in die Schultasche.

»Du musst zu Fuß gehen. Tut mir leid, aber ich muss mich um die Großeltern kümmern. Da gibt es Stress«, erkläre ich ihr gehetzt.

Lena runzelt die Stirn: »Oh Mann! Ich will aber nicht zu Fuß gehen. Dann warte ich eben, bis du Zeit hast«, sagt sie bestimmt.

»Das geht nicht! Ich muss gleich zur Arbeit. Ich kann dich nicht in die Schule fahren«, gebe ich zurück.

»Ich will aber nicht zu Fuß gehen!« Lena ist stur.

»Du gehst jetzt sofort, sonst kannst du was erleben!«, brülle ich sie an.

Erschrocken schaut sie mich an, zieht ihre Schuhe über und läuft beleidigt davon. Das fehlt mir noch, eine bockige Tochter. Spinnen jetzt alle?

Kaum ist sie durch die Haustür gegangen, eile ich wieder ins Schlafzimmer meiner Eltern. Ich stelle meinen Vater zur Rede, warum er Mutter geweckt hat. Aber ich bekomme keine Antwort von ihm. Stattdessen schimpft er weiter mit seiner Frau, weil sie versucht, sich aufzurichten. Er drückt sie immer wieder unsanft in die Kissen.

»Jetzt lass sie einfach in Ruhe!«, schreie ich ihn an. »Das gibt's doch nicht. Erst weckst du sie, dann wunderst du dich, dass sie aufstehen will.«

Mutter ist völlig durcheinander. Sie stammelt Wortsilben ohne Sinn vor sich hin.

»Kannst du bitte mal aus dem Schlafzimmer gehen?«, fahre ich meinen Vater an. »Raus!«

Ich bin so wütend, dass ich gar nicht mehr aufhören kann zu schreien. Es ist das zweite Mal in meinem Leben, dass ich so mit ihm umgehe.

Ich gehe zu meiner Mutter und helfe ihr, sich aufzurichten. Leise rede ich auf sie ein, damit sie sich wieder beruhigt. Sie kann nicht mehr allein sitzen und kippt nach links oder rechts, wenn ich sie loslasse. Ich fühle mich so hilflos. Sie in den Rollstuhl zu setzen schaffe ich nicht allein. Sie ist viel zu schwer für mich. Von draußen höre ich, wie mein Vater mal wieder zum Briefkasten rennt. Die Tür fällt knallend ins Schloss, gleichzeitig fällt meine Mutter haarscharf am Bettgitter vorbei zur Seite um. Leise schluchze ich auf. Ich kann nicht mehr. Das ist ein nicht enden wollender Wahnsinn. Und ich kann nicht weg. Ich muss doch aus diesem Horror irgendwie rauskommen können.

Ich versuche, meine Mutter auf den Rücken zu rollen, damit sie wieder liegen kann. Als es mir endlich gelingt, richte ich den oberen Teil des Bettes etwas auf. So kann sie aufrechter sitzen, was endlich dazu führt, dass sie ruhiger wird. Mittlerweile ist es halb acht. Gleich kommt Inga. So lange bleibe ich bei Mutter sitzen und warte. Ihre Augen sind leer und liegen tief in den Höhlen. Ohne ihre Zähne sieht sie aus wie ein Zombie. Ihre Finger suchen nach etwas, ihr Blick ist leicht panisch. Ich gebe ihr ein Hemd in die Hand, das am Bett hängt, damit das Suchen ein Ende hat. Wie ein kleines Kind fingert sie an dem Hemd herum und ist erst einmal beschäftigt.

Während mein Vater im Flur herumpoltert, denke ich über das Leben nach. Mutter, warum lebst du noch?, frage ich mich. Was für einen Sinn macht das? Schon vor zwei Jahren hat sie gehofft, sterben zu können. Doch wie es aussieht, ist sie zum Weiterleben verdammt. Einen glücklichen Eindruck macht sie schon lange nicht mehr. Alles in ihrem Leben ist zum Albtraum geworden. Immer öfter frage ich mich, wieso sie das aushalten muss. Im selben Moment kommt Inga zur Tür herein.

»Guten Morgen«, ruft sie fröhlich.

Woher sie nur immer die gute Laune nimmt?

»Guten Morgen«, antworte ich mit einem schiefen Lächeln.

»Was hat dein Vater wieder angestellt?«, fragt sie.

Ich erzähle ihr, was vorgefallen ist.

»Warum macht er das nur?«, fragt sie.

Das allerdings frage ich mich auch.

Als die Szene sich am kommenden Wochenende wiederholt und er noch zusätzlich das Kofferradio ins Treppenhaus stellt, um uns mit lauter Musik aus dem Bett zu holen, reicht es mir endgültig. Eigentlich kann er doch jederzeit bei uns klopfen, wenn er ein Problem hat, denke ich.

Plötzlich begreife ich, was sich da in meinem Leben abspielt. Mit jedem Tag der Verschlechterung im Leben meiner Eltern projiziert mein Vater seine Probleme mehr und mehr auf mich. Er wird niemals zulassen, dass ich mein Leben normal leben kann, während seines in die Brüche geht. Auch wenn es sein kranker Geist ist, der dies tut – er will mich mit nach unten ziehen. Seine ganzen unbegreiflichen Aktionen, die ausschließlich darauf abzielen, eine chaotische Situation herbeizuführen, veranstaltet er, um mich mit ins Boot zu holen. Diese Erkenntnis dringt in die Tiefe meines Gehirns und lässt mich nicht mehr los: Er tut dies mit Absicht! Mit voller Absicht stört er mein Leben.

Als ich das erkenne, weiß ich, dass ich ihm nicht so helfen kann, wie ich es ursprünglich dachte. Nie wird er zufrieden sein mit dem, was ich als Tochter anzubieten habe. Er erwartet von mir, dass ich sein Leben in die Hand nehme und mich für ihn aufopfere. So wie es meine Mutter einst getan hat. Ich ahne, dass er mich in ihre Rolle zu drängen versucht, dass er mich als Ersatz für meine Mutter sieht – meine Mutter, die ihm immer alle Wünsche und Sorgen von den Augen abgelesen hat, die immer wusste, was er brauchte, ohne dass er es je sagen musste. Aber ich weiß nicht, was er braucht, denn ich bin nicht meine Mutter.

Mir wird klar, dass es nie aufhören wird. Im Gegenteil. Mein Vater wird immer mehr versuchen, auf sich aufmerksam zu machen. Und solange ich in diesem Haus wohne, kann ich mich nicht wehren.

Es gibt nur noch einen Weg: Wir müssen ausziehen!

Ein neuer Anfang

In der darauffolgenden Woche schreibe ich eine Mail an den Bürgermeister im Ort. Ich weiß, dass es seit einiger Zeit Grundstücke gibt, die die Gemeinde verkauft. Vielleicht ist noch eines davon frei, und wir können uns ein Haus darauf bauen.

Am Abend erzähle ich Jens von meiner Idee.

»Ein Haus bauen?«, fragt er erstaunt. »Bist du sicher, dass wir das schaffen können?«

Nein, das bin ich nicht. Aber ich bin sicher, dass ich es in diesem Haus nicht mehr aushalten kann.

»Ein Haus zu bauen kann so schwer nicht sein. Haben ja andere auch schon gemacht«, entgegne ich.

Jens lacht. »Das sieht dir ähnlich. Mal schnell ein Haus bauen. Und was wird aus diesem Haus hier?«, will er wissen.

»Das überlegen wir dann, wenn es so weit ist. Ich will jetzt nicht schon wieder über die Eltern und ihr Haus nachdenken. Mein Vater hat in den vergangenen Wochen so einen Terror gemacht, dass ich denke, wir müssen hier weg. Und ich glaube, dass es noch schlimmer wird mit ihm.«

Kurz erzähle ich ihm von meinen Gedanken über meinen Vater und welche Zusammenhänge ich vermute. Ich finde meinen Plan genial. Eine Strategie, wie ich es meinem Vater erkläre, habe ich auch schon. Ein Auszug käme einer Flucht gleich, ein Haus zu bauen kann ich besser erklären. So ganz egal ist es mir ja doch noch nicht, was er über mich denkt.

Schon am nächsten Tag bekomme ich eine positive Antwort vom Bürgermeister. Er lädt mich zu einem Gespräch ein und will mir die freien Grundstücke zeigen.

Und von dem Moment an geht alles sehr schnell. Ein Termin bei der Bank sichert die Finanzierung. All unser Geld wird flüssig gemacht und in Eigenkapital umgewandelt. Es ist, als ob der Teufel hinter mir her wäre. In einem rasanten Tempo stelle ich die Finanzierung auf die Beine und finde einen passenden Bauleiter. Täglich lese ich im Internet alles, was über Hausbau zu finden ist. Nachdem ich mich jahrelang mit Altenpflege und den verschiedenen damit einhergehenden Krankheiten beschäftigt habe, blühe ich in diesem Thema richtig auf. Mein Studium ist abgeschlossen, so habe ich an den Abenden wieder Zeit.

Kurz bevor wir zum Notar fahren, um den Kaufvertrag zu unterschreiben, informiere ich meinen Vater über unser Vorhaben. Mein Hauptargument ist, dass wir uns die Chance, ein günstiges Grundstück von der Gemeinde kaufen zu können, nicht entgehen lassen sollten.

»Du weißt doch selbst, was so ein großes Haus wie das eure kostet. Wir können uns die Renovierung vielleicht gar nicht leisten. Besser ist, wir bauen ein kleineres nach den neuesten Energierichtlinien. Es ist nur noch ein Grundstück frei, und wir wollen uns die Chance nicht entgehen lassen.«

Mein Vater nickt und fragt, wo das Grundstück sei. Es hat den Anschein, als würde er mich verstehen, gleichzeitig sehe ich in seinem Blick, dass er ganz genau weiß, warum wir ausziehen wollen.

Vielleicht hätte ich ihm die Wahrheit sagen sollen. Dass

ich nur seinetwegen gehe, weil ich den täglichen Psycho-terror nicht mehr aushalte. Da nützen auch die nett ge-meinten Worte von ihm zwischendrin nichts mehr. Im nächsten Moment beginnt er schon wieder zu meckern.

Vielleicht hätte ich ihm auch sagen sollen, dass keine Familie so leben will wie wir – mit der täglichen Belastung durch die Krankheit von Mutter, der wir ausgesetzt sind. Aber was hätte mir das gebracht? Ich hätte ihn verletzt, und doch hätte er nichts ändern können. Er ist jetzt wie er ist. Seine Depression, sein Schlaganfall und das langsame Sterben seiner Frau haben ihn zu einem anderen Men-schen gemacht. Da kann man nicht sagen: Reiß dich doch zusammen!

Aber ich kann für mich festlegen, dass sein Schicksal nicht meines sein muss. Wir lügen uns also gegenseitig an, und jeder weiß ganz genau, was der andere denkt und warum. Es wird jedoch unausgesprochen bleiben – bis zum Schluss.

Nachdem ich ihm gesagt habe, dass wir ausziehen, ist mein Vater nicht mehr gut auf mich zu sprechen. Persön-lich lässt er sich nichts anmerken, aber wie ich unter ande-rem von der Pflegerin erfahre, schimpft er ungeniert über mich. Er sagt Dinge wie »Kinder lohnen sich nicht« oder »Wenn du sie mal brauchst, hauen sie eh ab«. Seine Wut und seinen Frust hat er nicht mehr im Griff. Ich kann das nicht ignorieren. Ich kann es auch nicht wegstecken. Mein Zorn auf ihn wächst von Tag zu Tag.

Es ist Sonntag. Und wie an den meisten Sonntagen kommt mein Bruder zu Besuch. Er verbringt den Nachmittag mit den Eltern. Heute sitzen sie auf der Terrasse unter mir. Mit dem Plan für das Haus unterm Arm will ich ihn kurz etwas fragen. Er ist vom Fach und kann mir vielleicht ein paar Tipps geben.

Kaum betrete ich die Terrasse, verfinstert sich das Gesicht meines Vaters, doch schon im nächsten Moment lächelt er und begrüßt mich. Ich nehme mir einen Stuhl und setze mich dazu. Nach ein paar Höflichkeitsfloskeln zeige ich meinem Bruder meinen Plan und stelle meine Fragen, die er auch gern beantwortet. Vielleicht ein bisschen zu ausführlich, denn mein Vater scharrt schon mit den Füßen. Wir machen eine Unterbrechung und unterhalten uns mit ihm. Nach einer Weile kommen wir noch einmal auf das Thema zurück, was meinem Vater überhaupt nicht passt. Es vergehen keine zehn Minuten, als er aufsteht und zum Rollstuhl unserer Mutter schlurft. Sie saß die ganze Zeit ruhig da und ist immer wieder mal eingeschlafen.

Mein Vater rüttelt am Rollstuhl und ruft: »Nicht schlafen! Hallo, du da!«

»He!«, ruft mein Bruder sanft. »Was machst du denn, Vater?« Dann wendet er sich mir zu. »Ich glaub, wir müssen jetzt aufhören. Dem Vater passt das nicht«, meint er.

Da könnte ich drauf wetten, denke ich. Es passt ihm nicht, dass er für einen Moment nicht im Mittelpunkt steht. Was hat er schon alles gemacht, um die volle Aufmerksamkeit auf sich zu ziehen! Wieder fühle ich mich wie ein Mensch ohne Rechte. Ich wollte doch nur kurz über mein Hausprojekt reden.

Ich erinnere mich an eine besonders verrückte Situation. Es ist ungefähr ein halbes Jahr her, da spricht mich plötzlich unser Nachbar auf der Straße an.

»Ich hab Ihren Vater heute gesehen. Er ist mit vorgestreckten Händen über die Hauptstraße gegangen. Dann hat er sich auf eine Bank gesetzt und den Kopf auf die Arme gestützt«, erzählt er und wirft mir einen besorgten Blick zu. »Ich bin stehen geblieben und habe ihn gefragt, ob ich ihm helfen kann«, fährt der Nachbar fort. »Aber er meinte, er schaffe das schon. Er komme gerade vom Arzt und gehe jetzt langsam nach Hause. Stimmt es, dass Ihr Vater blind ist?«

Auweia! Was hat er denn da wieder erzählt? Kein Wunder, dass der Nachbar mir Vorwürfe macht: »Wie können Sie Ihren Vater allein zum Arzt gehen lassen! Wieso fahren Sie ihn denn nicht? Ich könnte das auch übernehmen, wenn Sie wollen.«

Wie soll ich ihm erklären, dass mein Vater sehr wohl mit dem Auto hätte gefahren werden können, hätte er mich nur gefragt. Aber er will ja gesehen werden. Es sollen alle sehen, wie schlecht es ihm geht. Besser hätte es für ihn nicht laufen können, als dass der Nachbar ihn anspricht.

Wieder zeigt sich, wie sehr mein Vater um die Aufmerksamkeit der anderen kämpft. Er kann sich einfach nicht damit abfinden, dass meine Mutter sich nicht mehr um ihn kümmern kann. Und so richtig verstehen kann ich das nicht. Denn nicht nur ich, die er ja täglich trifft, sondern auch seine beiden Söhne, die ihn regelmäßig besuchen, und die Pflegerinnen kümmern sich um ihn. Er ist nie allein, hat immer Ansprache und bekommt alles, was er braucht. Es ist nicht genug. Aber wann ist es denn genug?

Als ich meinen Vater später darauf anspreche, grinst er nur. Das sei gar nicht so schlimm gewesen. Der Nachbar übertreibe. Was das für ein Licht auf mich werfe, frage ich ihn. Doch das ist kein Thema für ihn. Ich würde mir da was einbilden, meint er nur. Thema Ende!

Solche Szenen habe ich in der letzten Zeit oft erleben müssen. Seit er weiß, dass ich ausziehen will, wird es noch schlimmer. Sein Verhalten sorgt Schritt für Schritt dafür, dass meine einst große Liebe zu ihm auf ein Minimum schrumpft. Und ich bin mir sicher, wenn er so weitermacht, wird sie bald ganz weg sein. Die bloße Tatsache, dass ich seine Tochter bin, gibt ihm nicht das Recht, mich kaputtzumachen.

Einmal mehr weiß ich, dass unsere Entscheidung wegzuziehen die richtige ist.

Das Glück bleibt aus

Im Turboverfahren planen und realisieren wir unser Haus. Fast jeden Tag bin ich auf der Baustelle und achte darauf, dass der Zeitplan eingehalten wird. Die Handwerker verwöhne ich mit Kaffee und Kuchen, um sie gleichzeitig bei der Arbeit anzutreiben.

Kaum haben wir uns entschieden zu bauen, kann ich es nicht mehr erwarten auszuziehen. Endlich in den eigenen vier Wänden wohnen! Am liebsten würde ich auf unserem Baugrund ein Zelt aufstellen, um mit Sack und Pack auf der Stelle zu verschwinden.

Anfang Dezember soll es endlich so weit sein. Jeden Tag telefoniere ich mit dem Bauleiter, kläre Einzelheiten und vergesse nie, ihm mal mehr oder mal weniger deutlich die Dringlichkeit der Fertigstellung nahezulegen.

»So schnell wie Sie hat bei uns noch keiner gebaut«, sagt er eines Tages zu mir.

Der Projektplan ist bis auf zwei Tage eingehalten worden, dafür haben meine täglichen Telefonate gesorgt. Nun sind es nur noch zwei Wochen bis zu unserem Einzug.

»Ich glaube auch nicht, dass sich die Lebenssituation von einem Ihrer Kunden mit meiner vergleichen lässt«, kontere ich am Telefon.

Wir haben in den letzten Monaten so viele Entscheidungen treffen müssen, dass uns immer noch nicht ganz klar ist, ob wir auch wirklich an alles gedacht haben. Jens und ich stehen in unserem fast fertigen Haus. Der Boden in den Zimmern ist bereits verlegt, es fehlen nur noch die Fliesen für Bad, Küche und Flur.

»Bist du sicher, die schaffen das bis zum übernächsten Wochenende?«, fragt Jens. Skeptisch sieht er sich um.

»Es muss klappen!«, antworte ich. »Ich kann nicht mehr warten. Ich zieh einfach ein. Ist mir egal, wenn der Fliesenleger noch nicht fertig ist.«

»Wenn du das sagst…« Jens lächelt mich an.

Wir nehmen uns fest in die Arme, und ich habe zum ersten Mal das Gefühl, es könnte doch noch alles gut werden.

Die nächsten zwei Wochen ziehen sich endlos dahin. Dann ist es so weit. Am Samstagmorgen beginnt der Umzug. Einige Freunde sowie einer meiner Brüder packen mit an.

Meine Mutter ist mittlerweile in einem Zustand, in dem sie nichts mehr wahrnimmt. Sie kennt mich schon lange nicht mehr und wird gar nicht bemerken, ob ich noch da bin oder nicht. Sie kann nicht mehr essen, nicht mehr trinken, ihre Verdauung funktioniert nur noch mit Abführmitteln, und sie spricht nicht mehr. Zumindest nichts, was einen Sinn ergäbe.

Doch mein Vater ist geistig hellwach. Er weiß, dass ich heute ausziehen werde. Wir beide vermeiden eine Begegnung an diesem Tag. Vermutlich ist auch er sich nicht sicher, wie er reagieren soll.

Als die letzte Fuhre in Richtung neues Haus abfährt, fasse ich mir ein Herz und gehe zu ihm in die Wohnung. »Vati?«, rufe ich. Er sitzt im Wohnzimmer und hört Radio. »Du, ich wollt dir sagen, dass wir jetzt fertig sind. Das wird unsere erste Nacht im neuen Haus«, erkläre ich. Ich versuche betont fröhlich zu klingen. Bloß nicht das Gefühl des Abschieds vermitteln. »Morgen bin ich aber wieder da. Muss ja oben noch alles sauber machen. So schnell wirst du mich nicht los!« Ich versuche ein kurzes Lachen.

Mein Vater stimmt mit ein. Es klingt etwas unnatürlich. »Das hab ich befürchtet!«, meint er.

Bevor er mir zeigen kann, wie traurig er darüber ist, dass ich ausziehe, bin ich auch schon wieder weg. »Also dann! Tschüss bis morgen!«

Ich eile zur Tür und schwinge mich ins Auto. Puh! Geschafft. Das hatte ich mir schlimmer vorgestellt. Oder war es schlimm, und ich lasse den Schmerz einfach nicht zu? Egal! Jetzt wird es Zeit, dass wir unser Haus organisieren.

Wir schaffen es noch an diesem Abend, unsere Betten aufzubauen. Am darauffolgenden Tag versuchen wir das Chaos, das nach einem Umzug immer herrscht, in den Griff zu bekommen. Die ersehnte Erleichterung will sich jedoch nicht einstellen. Wir sind alle etwas schlecht gelaunt, weil keiner irgendetwas findet in den Kartons, die in allen Zimmern unausgepackt herumstehen. Dabei habe ich mir das so toll vorgestellt, endlich im neuen Haus zu wohnen.

Doch Jens tröstet mich. »Warte doch noch ein paar Tage ab. Wir kriegen das in den Griff. Schon nächstes Wochenende sieht alles anders aus«, sagt er.

Tatsächlich hat er recht. Zwei Wochen später hat vieles seinen Platz gefunden. Sogar Jacko hat sich mit der Ecke für seinen Korb angefreundet. Zufrieden liegt er vor der Tür und döst vor sich hin, während ich die wunderschöne neue Küche putze und das restliche Geschirr einräume. Ich habe mir extra freigenommen, um ein paar Dinge zu erledigen. Ich bin allein. Jens ist unterwegs und Lena in der Schule. Draußen scheint die Sonne und schickt ihre Strahlen zu mir ins Haus. Genau so, wie ich es mir immer gewünscht habe. Schnell setze ich einen Kaffee auf, um mir eine Pause zu gönnen.

Doch plötzlich überkommt mich eine unendliche Traurigkeit. Die Kaffeekanne stelle ich auf die Platte zurück und schaue aus dem Fenster. Etwas nimmt von mir Besitz und katapultiert sich in mein Gehirn. Mutter! Oh Gott, Mutter! Ich rutsche an der Küchenwand auf den Boden hinunter und kann es nicht mehr zurückhalten. Ein einziger Gedanke beherrscht mich: Nie wird meine Mutter diese Küche sehen! Nie! Nie werde ich ihr dieses Haus zeigen können. Nie mehr wird sie begreifen, dass ihre Tochter jetzt in einem eigenen Haus wohnt. NIE MEHR! Sie sitzt tausend Meter von mir entfernt in ihrem Rollstuhl, und ich sitze hier in meiner Küche, die ich einen Augenblick zuvor noch so schön fand. Alles erscheint mir so falsch. Meine Mutter ist tot, und doch lebt sie noch, schreit es in mir.

Eine unendliche Traurigkeit macht sich in mir breit, und ich weine, bis ich keine Luft mehr bekomme. Ich will um sie trauern, aber ich kann nicht. Sie lebt noch. Doch was für ein Leben ist das?

Auf einmal finde ich nichts mehr schön. Nicht die Küche und nicht das Haus. Nichts ist gut, auch wenn ich ausgezogen bin. Wie naiv ich doch war. Wie kann alles gut werden, wenn meine Eltern in diesem Zustand weiterleben müssen? Es wäre auch zu einfach gewesen. Ausziehen und alle Probleme sind weit weg. Ich bin weggegangen und habe sie allein zurückgelassen. Habe ich auch wirklich alles versucht? Hätte es nicht noch einen anderen Weg gegeben?

Was für eine Enttäuschung für mich! Seit Monaten habe ich mich an den Gedanken geklammert, dass der Umzug die gewünschte Befreiung bringen wird. Eine Befreiung von der gefühlten Schuld und dem schlechten Gewissen, das ich ständig mit mir umhertrage. Und nun bin ich immer noch gefangen in der trostlosen Welt meiner Eltern.

Diese Erkenntnis lässt mich noch mehr weinen, jetzt kommt sogar noch eine große Portion Selbstmitleid dazu. Ich fühle mich hintergangen und ohne Hoffnung. Es wird nie aufhören, denke ich, nie. Ich hätte viel weiter wegziehen müssen. Alles erscheint mir plötzlich so sinnlos, und nicht das erste Mal habe ich das dringende Bedürfnis, Schluss zu machen. Schluss mit meinem Leben, das ich nicht mehr steuern kann. Auf dessen Verlauf ich keinen Einfluss habe. Doch wie immer denke ich in diesem Moment an meine Tochter und meinen Mann und greife schnell zum Telefon.

»Jens!«, schluchze ich in den Hörer. »Mir geht's so beschissen!«

Er ist erschrocken über meinen Zustand, so hat er mich noch nicht erlebt.

»Maus, was ist denn los?«, fragt er besorgt.

Ich versuche, ihm meine Gefühle zu beschreiben. Meine Enttäuschung über das fehlende Glück. Meine Wut über den Kontrollverlust in meinem Leben. Wahrscheinlich versteht er die Hälfte gar nicht, weil ich immer wieder schluchzen muss.

»He, he!«, sagt er sanft. »Halt durch, ich komme gleich heim. Bin noch bei einem Kunden, aber ich kann in einer Stunde da sein. Wir kriegen das hin. Okay?«

Klar, wir kriegen das hin. Wir haben schon so viel hingekriegt, aber oft auch Federn dabei gelassen. Dennoch, seine Stimme tut mir gut, und ich beruhige mich. Unser Hund gesellt sich zu mir. Er legt sich direkt neben mich und sucht Körperkontakt. Dieser treue Hund hat genau bemerkt, dass sein Frauchen Trost braucht. Ich wühle meine Hände in sein Fell und lege meinen Kopf an seine Schulter. Sein Geruch und die Tatsache, dass Jens gleicht kommt, sorgen dafür, dass ich langsam wieder klar denken kann.

So viel ist gewiss: Es wird wohl eine Zeit dauern, bis meine Wunden verheilen. Ich begreife, dass ich zwar einen richtigen Schritt in die richtige Richtung getan habe, dass ich aber noch lange nicht am Ziel bin.

Kapitel 6

2008-2009

Wege in ein neues Leben

Für Jens und mich ist mein Zusammenbruch in der Küche ein Grund, die Veränderung meiner Eltern und insbesondere die Demenz meiner Mutter erneut zu besprechen.

»Es lässt mich nicht los«, klage ich ihm mein Leid. »Egal, wo ich bin, das Problem verfolgt mich. Aber ich bräuchte so dringend mal eine Auszeit. Seit Jahren dreht sich mein Leben um die Krankheit der Eltern, die tiefe Depression, in der sie stecken, und über den Tod und ihr Elend.«

Oft denke ich sehnsüchtig an die Zeit, bevor meine Eltern ein Pflegefall wurden. Ich habe mich zwar mit dem Thema Tod immer wieder einmal auseinandergesetzt, aber nur dann, wenn ich es wollte. Es war ein Leben in Freiheit damals. Unbekümmert und leicht war es, so erscheint es mir heute. Nun stecke ich seit Jahren in einer schwierigen Pflegesituation, ich habe die Leichtigkeit des Seins verloren. Ich ertappe mich dabei, wie ich unsere Zeit im Alter plane, in Zeitungen lese ich aufmerksam die Artikel über neue Häuser für betreutes Wohnen.

Das kann doch nicht wahr sein! Ich bin erst Mitte vierzig, denke ich erschrocken. Es fehlt nicht mehr viel, und ich suche mir eine geeignete Grabstelle aus. Damit muss Schluss sein!

»Glaubst du, ein Urlaub würde helfen?«, fragt Jens.

»Langfristig bestimmt nicht. Ich muss lernen, mit der Situation umzugehen, muss eine Mauer um mich herum bauen, um die Dinge an mir abprallen lassen zu können«, sage ich bestimmt.

Eine Mauer zu bauen ist bestimmt eine gute Idee. Sich emotional zu schützen und nur an sich selbst zu denken, das könnte ein Weg sein. Doch wie kann ich das in die Praxis umsetzen?

In den nächsten Monaten arbeite ich hart an mir.

Wir haben uns gut im neuen Haus eingelebt, doch es gibt immer noch viel zu tun. Seit einer Woche war ich nicht mehr bei meinen Eltern, es wird Zeit, dass ich ihnen einen Besuch abstatte. Meine Cousine hat sich angemeldet, sie will sie am Wochenende besuchen. Heute ist eine gute Gelegenheit, meinen Vater darüber zu informieren.

Es freut mich, dass doch noch mal der eine oder andere vorbeischaut. Viele sind es mittlerweile nicht mehr. Nicht zuletzt auch deswegen, weil es immer schwieriger wird, sich mit den Eltern zu unterhalten. Meine Mutter ist nicht mehr ansprechbar, und mein Vater kann mal gut oder mal schlecht gelaunt sein. Und wenn er sehr schlecht gelaunt ist, will niemand lange bei ihm sitzen. Da schimpft er über alles, was um ihn herum geschieht, und lässt an niemandem mehr ein gutes Haar. So haben sich die Besuche in den letzten beiden Jahren sehr stark reduziert. Ich kann es niemandem verdenken.

Das Mittagsgeschirr ist weggeräumt, Lena sitzt in ihrem Zimmer und macht Hausaufgaben, und ich nutze die Gelegenheit, um mich mit unserem Hund auf den Weg zu den Eltern zu machen.

Von Haus zu Haus laufe ich rund fünfzehn Minuten. Auf dem Weg nehme ich mir fest vor, mich nicht provozieren zu lassen. Egal was mein Vater sagen wird, ich werde nicht darauf eingehen. Im Kopf spiele ich sämtliche mir bekannte Szenarien durch. Seine schlechte Laune hat meistens auf mich abgefärbt, und oft hat das zu kleinen Streitereien zwischen mir und Jens oder zwischen mir und Lena geführt. Obwohl mir das bewusst ist, bin ich kaum in der Lage, dies zu ändern. Doch heute bin ich fest entschlossen, dagegen anzukämpfen. Sobald ich spüre, dass die Stimmung kippt, nehme ich mir vor, einfach aufzustehen und nach Hause zu gehen.

Ich klopfe an die Tür, und eine strahlende Inga kommt mir entgegen. »Oh, Besuch für die Eltern!«, ruft sie fröhlich.

Sie ist ein wahrer Schatz, denn ihre Freude ist echt. Sie strahlt genau die Wärme aus, die dieses Haus mit ihren Bewohnern vor langer Zeit einmal hatte. Wenn ich sie sehe und sie mich umarmt, erinnere ich mich an damals.

»Dein Vater ist im Wohnzimmer!«, sagt sie verschwörerisch. »Möchtest du einen Kaffee?«

»Nein«, sage ich schnell. »Lieber nicht.« Ich weiß ja nicht, wie lange ich es heute aushalte, da bleib ich besser auf dem Sprung.

»Hallo«, begrüße ich meinen Vater.

Ihn zu fragen, wie es ihm geht, habe ich mir längst abgewöhnt. Sein Zustand und der Zustand meiner Mutter erlauben diese oberflächliche Frage nicht mehr. Irgendwann hat er begonnen, mich vorwurfsvoll anzusehen und zynisch zu antworten: »Prima! Einfach spitze!« Seitdem stelle ich die Frage nicht mehr. Eine von vielen Fragen, die ich nicht mehr stelle. Wenn überhaupt, dann frage ich ihn nach etwas Konkretem, wie beispielsweise nach der Beule, die er sich einen Tag zuvor bei einem Sturz zugezogen hat.

»Wie geht's denn deinem Kopf? Schmerzt er noch?«, frage ich.

Er tastet nach seiner Beule und lacht. »Ein bisschen tut es schon noch weh. Aber es hat ja keiner Zeit, mich zum Arzt zu fahren.«

Inga kommt aus der Küche und sieht mich erstaunt an. An meinen Vater gewandt sagt sie: »Und wo waren Sie heute Morgen?«

Mein Vater lacht wieder. »Weiß ich nicht. Wo war ich denn?«, fragt er zurück.

»Na, beim Arzt!«, sagt Inga. »Mit Ihrem Sohn. Haben Sie das schon vergessen?«

Mein Bruder hat vor längerer Zeit sämtliche Arztfahrten übernommen, nachdem ich ihn um Hilfe gebeten habe. Die Fahrten häuften sich, und der Hausbau beanspruchte mich im letzten halben Jahr sehr. So war ich froh, diese Aufgabe abgeben zu können.

Natürlich hat mein Vater das nicht vergessen. Er will nur mal wieder auf sich aufmerksam machen. Jetzt erzählt er, was genau der Arzt untersucht und dass er auch Blut abgenommen hat. Nebenher allerdings wendet er sich immer wieder seiner Frau zu und unterbricht ihr Wortgestammel.

»Eins, zwei, drei, vier«, zählt er ihr vor.

Meine Mutter hört kurz auf zu murmeln und sieht ihn mit ratlosem Gesicht an. So als würde sie fragen: Was will dieser Mann von mir?

»Vater, lass sie doch einfach«, bitte ich ihn. »Was war denn nun beim Arzt?«

Es gelingt mir, ihn von meiner Mutter abzulenken. Nachdem er seine Erzählung beendet hat, informiere ich ihn vom Besuch seiner Nichte.

»Sie kommt morgen mit ihrem Mann. Ist dir das recht?«, frage ich.

»Ja«, antwortet er mit einem Lächeln auf dem Gesicht.

Er kann es nicht immer zeigen, aber heute ist es offensichtlich, dass er sich freut. Auch wenn er sich danach beschweren wird, weil der Besuch entweder zu viel geredet hat oder zu lange geblieben ist oder vielleicht auch zu kurz da war. Er findet immer etwas, worüber er im Anschluss nörgeln kann.

Ich informiere auch Inga über den bevorstehenden Besuch. Wenn Gäste kommen, gibt sie sich immer besonders Mühe. Sie zieht meiner Mutter die schönsten Sachen an, die Haare werden gewaschen und der beste Schmuck wird herausgesucht. Dennoch – nichts täuscht über die trostlose Miene meiner Mutter hinweg. Die meisten Besucher sind schockiert, wenn sie sehen, was aus ihr geworden ist. Eine einst so lebhafte und gesellige Frau, die jetzt zusammengesackt und völlig reaktionslos in ihrem Rollstuhl am Tisch sitzt, den Mund leicht geöffnet, den Blick starr nach vorn gerichtet. Oder besser gesagt nach innen. So wird es auch am Wochenende sein, wenn meine Cousine zu Besuch kommt. Ich kann nur hoffen, dass sie nicht allzu bestürzt ist. Immerhin hat sie sie schon seit Monaten nicht mehr gesehen.

An diesem Nachmittag will ich noch den Rasen im Garten der Eltern mähen. Es ist erst April, aber das Gras steht schon so hoch, dass ich spontan entscheide, mich an die Arbeit zu machen.

Ich verabschiede mich von den Eltern. Ein kleines Stück ist die Mauer, die ich um mich herum Stück für Stück errichte, schon gewachsen. Es gelingt mir, die aufkommende schlechte Stimmung schnell zur Seite zu schieben.

Eines Abends bekomme ich einen Anruf von meiner Cousine. Ihr Besuch liegt schon eine Zeit lang zurück.

»Hallo, Cousinchen«, begrüße ich sie. »Wie geht's dir denn?«

»Mir geht es gut«, antwortet sie. »Aber ich wollte mit dir über eure Eltern reden. Ich war doch neulich bei ihnen zu Besuch. Meine Güte, der Zustand deiner Mutter hat sich ja rapide verschlechtert!«

»Wie lange hattest du sie denn schon nicht mehr gesehen?«, frage ich.

»Ach, ich weiß gar nicht. Vielleicht ein halbes Jahr«, sagt sie.

Ich habe gar nicht in Erinnerung, dass es meiner Mutter vor einem halben Jahr wesentlich besser ging. Deshalb gehe ich nicht näher darauf ein. Vielleicht hat sie ihren schlechten Zustand verdrängt und ist deshalb so erschrocken. Vielleicht habe auch ich jegliches Zeitgefühl verloren.

»Wie war es denn?«, frage ich sie.

»Na ja, ehrlich gesagt, nicht so schön. Dein Vater war nicht besonders gut aufgelegt. Sag mal, wann warst du denn das letzte Mal dort?«

Ich überlege kurz. »Ich glaub, ich war am Tag vor dir dort.«

»Hm... komisch...«, meint sie. »Er hat so geschimpft

über dich, weil du angeblich überhaupt nicht mehr kommst.«

»Was? Er weiß nicht, was er sagt!«, rufe ich entrüstet. »Ich bin doch mindestens jede Woche einmal da.«

»Wirklich? Das ist ja seltsam. Ach, übrigens ... Wer mäht eigentlich euren Rasen?«, fragt sie.

»Na ich! Wer sonst?«, antworte ich. »Wieso fragst du?«

»Ich habe gesehen, dass der Rasen frisch gemäht war, und deinen Vater gefragt, wer das für ihn erledigt. Er hat mir gar nicht richtig darauf geantwortet, nur gemurmelt, er wisse auch nicht, wer den Rasen mähe. Darüber habe ich mich gewundert.«

Mir bleibt fast die Luft weg. So eine Unverschämtheit! Er macht mich überall schlecht, jetzt sogar schon bei meiner Cousine.

»Aber das war wirklich ich. Das weiß er ganz genau«, schimpfe ich. »An dem Tag, bevor du da warst, habe ich gemäht.«

»Es tut mir leid! Ich wollte nicht, dass du dich ärgerst«, entschuldigt sie sich.

Vermutlich bereut sie jetzt, dass sie es mir erzählt hat, denn sie merkt, wie wütend ich bin. Ich kann es auch nicht zurückhalten. Meine Cousine muss sich im Laufe des Gesprächs noch ein paar andere unschöne Dinge anhören. Wie ungerecht ich behandelt werde, wo ich doch seit Jahren um das Wohlergehen der Eltern bemüht bin, und dass ich keine Dankbarkeit erfahre.

Nach dem Telefonat überlege ich, wie ich weitermachen kann. Ich will nicht mehr die Tochter sein. Irgendwie muss ich von dieser Verpflichtung wegkommen.

»Kann ich mich gerichtlich von meinen Eltern trennen?«, frage ich Jens später am Abend.

»Wie bitte?«, fragt er verblüfft. Er versteht gar nicht, was ich meine, sieht aber, dass ich sehr aufgebracht bin.

»Was heißt denn jetzt wie bitte? Das war doch eine klare Frage, oder? Wie komme ich von meinen Eltern los?«

Ratlos sieht er mich an. »Was genau bezweckst du damit?«

»Ich will nicht mehr der Depp meiner Eltern sein. Jetzt ist endgültig Schluss!«, wettere ich und erzähle ihm von dem Telefonat mit meiner Cousine.

»Dein Vater weiß doch gar nicht mehr, was er redet«, beschwichtigt Jens.

»Das glaubst auch nur du! Der weiß ganz genau, was er sagt und was er tut. Es geht ihm einzig und allein darum, sich als armes Opfer darzustellen, und dazu ist ihm jedes Mittel recht.«

Es ist nicht das erste Mal, dass er sich bei anderen Leuten über mich beschwert. Zum Glück bin nicht nur ich betroffen, an manchen Tagen lässt er an niemandem mehr ein gutes Haar. Mal sind es die Pfleger, die nur sein Geld wollen und denen seine Person völlig egal ist. Am nächsten Tag sind es seine Söhne, oder es ist der Hausarzt, der nur Rechnungen schreiben will. Letztens hat er mir erklärt, dass wir doch nur auf das Erbe warten würden.

Was ist das nur für ein Mann geworden, der dort in der Wohnung neben seiner dementen Frau sitzt! Frustriert, verbittert und böse ist er. Nichts ist mehr von dem einst so gefühlvollen, intellektuellen und gerechten Mann übrig.

»Ich gehe nicht mehr hin. Ist doch egal, ob ich komme

oder nicht. Er wird sowieso meckern. Am liebsten würde ich ihm alle Akten mit den Abrechnungen der Kassen, der Korrespondenz sämtlicher Versicherungen und der Ärzte auf den Tisch schmettern. Soll er es doch selbst machen.« Immerhin haben sich im Laufe der Zeit ganze sieben Ordner angesammelt.

Jens sitzt am Küchentisch und beobachtet mich irritiert. Während ich so vor mich hin schimpfe, räume ich ziemlich geräuschvoll die Geschirrspülmaschine aus. Teller und Tassen landen mit einem lauten Klirren im Schrank.

»Du wirst noch unser Geschirr zerschlagen«, meint er. »Magst du dich nicht mal zu mir setzen?«

»Nein. Ich kann jetzt nicht sitzen. Ich reg mich grad auf!«, sage ich.

Ich beende mein rastloses Hin- und Hergerenne und fasse einen Entschluss. »Ich werde mich einfach bei Inga krankmelden. Dann kann ich mal eine Weile zu Hause bleiben.«

Zwei Wochen sind seitdem vergangen. Ich habe meinen Plan in die Tat umgesetzt und meine Eltern nicht mehr besucht. Die Wut ist allerdings immer noch da. Am liebsten würde ich überhaupt nie mehr zu meinen Eltern gehen, nur die Post lasse ich mir von Inga bringen. Jetzt begreife ich, was der Begriff »ausgebrannt« bedeutet. Ich fühle mich völlig leer. Da ist nichts mehr, nur noch Ohnmacht.

Doch plötzlich plagt mich das schlechte Gewissen wieder. Es erschreckt mich gar nicht mehr, dass ich meine Mutter und meinen Vater nicht mehr sehen will. Vor noch nicht allzu langer Zeit war ich über meine eigenen Gefühle noch erschrocken, im Laufe der letzten Jahre sind sie aber immer mehr im Sumpf des Alltags versickert. Vielleicht habe ich sie auch nur weggesperrt, und sie schlummern noch im Untergrund. Ich weiß es nicht.

Wie schön wäre es gewesen, hätten meine Eltern und ich unser einst so gutes Verhältnis bis zum Schluss führen können. Ich kann mich kaum noch an die Zeit vor ihrer Pflegebedürftigkeit erinnern. Kürzlich sagte jemand zu mir, die Erinnerung an früher und die Gefühle dazu würden wiederkommen. Später – wenn die Eltern gestorben sind. Ich vertraue darauf, es ist ein Hoffnungsschimmer für mich. Denn so will ich mich nicht an meine Eltern ein ganzes Leben lang erinnern. Damit unsere Tochter nie in diese Situation kommt, sage ich ihr immer wieder, dass ich, sollte ich einmal pflegebedürftig werden, in ein Altersheim gehen möchte.

»Ich will nur, dass du mich zum Kaffee besuchst und den Pflegern auf die Finger schaust. Aber komm bloß nicht auf die Idee, wir könnten gemeinsam in einem Haus wohnen«, sage ich.

»Warum denn nicht, Mami?«, fragt sie immer wieder.

»Weil ich will, dass du mich als nette alte Frau erlebst, die sich freut, wenn ihre Tochter mal Zeit für sie hat. Du sollst dich nicht darum kümmern müssen, wann ich aufs Klo muss und welches Abführmittel ich nehmen soll«, erkläre ich.

Immer wieder rede ich mit ihr darüber. Es ist mir so wichtig. Sie soll nicht das Gleiche erleben wie ich. Sie soll frei sein.

»Aber ich kann dich doch nicht allein lassen«, protestiert sie.

»Das sollst du auch nicht. Du schaust einfach, dass es mir gut geht. Okay?«, antworte ich.

Später wird sie einmal verstehen, was ich gemeint habe. Ich will nicht denselben Fehler machen wie meine Mutter und ihr schon frühzeitig das Gefühl geben, dass sie für mich verantwortlich ist. Jeder Mensch ist für sich selbst verantwortlich. Und wenn mein Vater mich mit seiner Art aus dem Haus ekelt, dann ist er auch selbst dafür verantwortlich, wenn ich irgendwann nicht mehr komme.

»Wenn all die Jahre einen Sinn haben sollen, dann den, dass ich es besser machen werde!«, sage ich.

Ich bin der festen Überzeugung, dass alles im Leben einen Sinn ergibt. Oder vielleicht sollte ich besser sagen, ich bestehe darauf, dass alles einen Sinn macht. So lässt es sich leichter aushalten.

Ich gebe ab

In der dritten Woche packt mich dann doch wieder das schlechte Gewissen, und ich spaziere mit unserem Hund in Richtung Elternhaus. Mein Vater liebt Hunde und freut sich immer, wenn Jacko mit dabei ist.

Die letzten Wochen habe ich genutzt, viel Zeit mit meinem Pferd zu verbringen. Es wurde in den vergangenen Jahren leider etwas vernachlässigt. Meist bin ich nur kurz ausgeritten, für die Pflege blieb kein Raum. Viele Male mussten Freundinnen für mich einspringen, mein Mann oder meine Reitbeteiligung. Jetzt genieße ich die Stunden mit Birtingūr. Es ist wie eine Art Urlaub, der meiner Seele guttut. Es gibt kaum einen besseren Platz, um sich zu entspannen als einen warmen Pferderücken. Mein Pferd ist das Beste, was mir in der letzten Zeit passiert ist. Ein Pferd muss bewegt und versorgt werden. Mindestens viermal in der Woche entfliehe ich dem Alltag. Dann bin ich auch nicht per Handy erreichbar.

Eigentlich sollte ich entspannter sein nach der Auszeit, die ich mir genommen habe, doch ich denke mir, dass es sich anfühlt, als ob ich auf dem Weg zum Schlachter wäre. So muss das sein, denke ich. Mit jedem Schritt wird meine Stimmung schlechter. Wird mein Vater schlechte Laune haben? Wird er wieder vom Sterben reden? Und dass wir ihn alle im Stich gelassen haben? Wie geht es meiner Mutter? Schläft sie, oder wird sie nur stumpfsinnig dasitzen? Ich bemerke, wie ich immer langsamer werde, bis ich kurz vorm Ziel stehen bleibe. Die drei Wochen Auszeit haben offenbar doch nichts bewirkt. Es ist wieder da, das schlechte Gefühl.

Jacko sieht mich mit seinen großen Hundeaugen an. So als wollte er mich fragen, was das soll. Ich schaue auf die Uhr. Es ist vier. Bestimmt sitzen die Eltern mit ihrem Kaffee im Wohnzimmer. Jetzt, da ich fast schon da bin, muss ich auch hineingehen. Ich gebe mir einen Ruck und ignoriere den Wunsch, auf der Stelle umzukehren.

Als ich an der Tür klingle, macht mir die Pflegerin auf. »Ah! Martina!«, ruft sie mir entgegen. »Bist du auch mal wieder da?« Sie umarmt mich herzlich. »Dein Vater schläft noch«, sagt sie und zeigt auf die Schlafzimmertür.

Ich folge ihr ins Wohnzimmer, in dem meine Mutter in ihrem Rollstuhl sitzt. Sie bemerkt mich gar nicht, sondern schaut auf den Boden.

Ich trete neben sie, lege meine Hand auf ihre Schulter und sage: »Hallo, Mutti. Ich bin's. Deine Tochter.«

Ganz langsam dreht sie den Kopf in meine Richtung. Ihr Blick ist leer, ihre Mimik regungslos. Kein Lächeln kommt ihr mehr über die Lippen. Ich habe das Gefühl, sie wohnt schon lange nicht mehr in diesem Körper.

Ich setze mich auf die Couch und bin ganz froh, dass mein Vater noch schläft. So habe ich zwar meinen Besuch gemacht, mir aber vielleicht sein Gemecker erspart.

»Dein Vater hat ganz schlecht geschlafen heute Nacht«, erzählt Inga.

Sie setzt sich zu uns und erzählt von den letzten Tagen. Dass ihm das Essen nicht schmeckt und dass er gesundheitliche Probleme hat. Anscheinend geht es ihm nicht so gut.

»Er ist dauernd aufgestanden in der Nacht und hatte schlimme Albträume«, fährt sie fort. »Den ganzen Vormittag hat er über seine Träume geredet, aber er konnte Traum und Realität nicht mehr auseinanderhalten. Ich weiß nicht, was mit ihm ist. Er wird auch langsam verrückt«, sagt sie.

Inga steht in engem Kontakt zu meinem Bruder, der ja die medizinische Betreuung vor einiger Zeit übernommen hat. Wir sprechen nicht von einem gelegentlichen Besuch beim Arzt. Mein Vater hat in den letzten Jahren einen ganzen Stab von Ärzten beschäftigt. Es gab Zeiten, da waren die Besuche im wöchentlichen Rhythmus nötig. Augenarzt, Neurologe, Hausarzt, Zahnarzt, Physiotherapeut, Orthopäde usw. Im Anschluss an die Besuche waren meist Fahrten in die Apotheke notwendig oder das Besorgen weiterer Hilfsmittel. Auch die Vernetzung der Ärzte untereinander war unsere Sache.

Dies alles kostet Zeit und noch viel mehr Nerven, die ich nicht mehr habe. So bin ich froh, dass ich davon befreit bin. Übrig geblieben ist mir die Abrechnung, die auch nicht ganz einfach ist, denn mein Vater war Beamter. Jede Rechnung muss zweimal verschickt werden, Beihilfe und Privatkasse. Möglichst auch noch zwischen Kranken- und Pflegekasse differenziert. Zurück kommen Abrechnungsbelege, versehen mit endlosen Kommentaren, die in unverständlichem Bürokratendeutsch beschreiben, warum sie hier oder da nicht alles erstatten können. Eine sehr nervenaufreibende Sache, besonders, wenn man Formulare so sehr hasst wie ich.

Inga erzählt von den absonderlichen Sachen, die mein Vater macht, von den Dingen, die er sieht oder hört. Es könnte eine beginnende Demenz sein, doch ich kann das nicht glauben. Sollte er am Ende auch noch an Demenz erkranken? Er zeigt tatsächlich ähnliche Symptome wie meine Mutter, nur mit dem Unterschied, dass er noch einigermaßen zu Fuß unterwegs ist. Was dann dazu führt, dass er nachts in der Wohnung umherirrt und Inga ihn wieder einfangen muss. Ich höre ihr zu und denke gleichzeitig daran, wie es wohl werden kann, wenn er tatsächlich auch dement ist. Was wird, wenn mein Vater nachts aus dem Haus läuft? Ich mag gar nicht darüber nachdenken, denn ich sehe ihn schon vollgepumpt mit Beruhigungsmitteln wie meine Mutter damals. Es ist kaum zu glauben, dass wir das Gleiche vielleicht noch einmal erleben müssen.

»Hallo, Martina!« Inga schüttelt mich und lacht. »Träumst du?«

»Ja... aber es ist kein schöner Traum«, antworte ich.

Im gleichen Moment geht die Tür zum Schlafzimmer auf, und mein Vater kommt heraus. Seine Jogginghose sitzt schief, der Pullover ist teilweise in der Hose, teilweise darüber.

»Hallo, Vati!«, begrüße ich ihn. »Gut geschlafen?«

»Servus«, brummt er. »Auch mal wieder da!« Es ist keine Frage, sondern ein Vorwurf.

»Ich war krank, deswegen hast du mich drei Wochen nicht gesehen«, lüge ich.

Es fällt mir nicht schwer, denn die Wahrheit zu sagen wäre um ein Vielfaches schlimmer für ihn. Ich glaube, eine kleine Notlüge hilft uns beiden.

»Soso!«, sagt er nur.

Ganz offensichtlich interessiert es ihn überhaupt nicht, was ich hatte. Durch sein teilnahmsloses Verhalten zeigt er mir einfach nur seine Enttäuschung darüber, dass ich nicht da war.

»Hast wohl überhaupt keine Zeit mehr«, sagt er.

»Na ja, so ganz stimmt das nicht. Ich bin doch da und erledige alles für euch. Ich war nur ein wenig krank die letzten Wochen. Hab ein bisschen Zeit für mich gebraucht, um wieder gesund zu werden«, erkläre ich.

»Wie geht's Lena?«, fragt er.

Sie ist immer wichtig für ihn. Bei jedem Besuch fragt er nach ihr. Will wissen, wie es ihr geht und was sie in der Schule macht. Dass sie es auf das Gymnasium geschafft hat, macht ihn sehr stolz. So erzähle ich ihm über das Leben seiner Enkeltochter. Beim Abschied verspreche ich, dass sie bald vorbeikommen wird, ihn zu besuchen.

Heute ist es leicht gewesen, sich mit ihm zu unterhalten. Er schimpft nicht, ich rege mich nicht auf, und wir hatten eine entspannte halbe Stunde. Als ich auf dem Weg zur Haustür bin, greift er nach seinem Rollator. Er will unbedingt mit ans Gartentor gehen.

Auf der Straße drehe ich mich noch einmal nach ihm um. Ich sehe ihn da stehen, eine Hand am Rollator, mit der anderen winkt er mir nach.

Was ist das nur für eine verrückte Welt, denke ich mir. Da steht nun ein liebenswerter alter Mann, der seiner Tochter nachwinkt. Aber schon am nächsten Tag könnte es sein, dass er wieder über mich oder über seine Söhne schimpft, und keiner kommt dann gut bei ihm weg.

Ich nehme mir vor, in Zukunft nur noch diese Seite von ihm zuzulassen. Sobald er anfängt zu schimpfen, werde ich einfach gehen. Und ich werde ihm sagen, dass ich wiederkomme, wenn er gut gelaunt ist.

Doch ist es möglich, einen über achtzigjährigen Mann noch zu ändern?

Eine Spur Normalität

Mein Leben mit Abstand zu den Eltern läuft langsam wieder in normalen Bahnen. Unsere täglichen Gesprächsinhalte beziehen sich nicht mehr ausschließlich auf die Situation der Eltern. Wir wohnen jetzt ein Jahr im neuen Haus, und mit der räumlichen Entfernung kommt allmählich auch die emotionale Distanz.

Die Situation ist weiter dramatisch, der Zustand meiner Mutter unverändert schlecht. Mal hat sie gute Tage, an denen ein Funken von Wahrnehmung erkennbar ist, dann wieder sitzt sie völlig bewegungslos da. Jeder Besuch bei ihr ist ein Stich in mein Herz. Verdammt, das hat sie nicht verdient, denke ich immer wieder. Obwohl ich die meiste Zeit verdränge, dass sie einst meine Mutter war, tut es weh.

Erst kürzlich habe ich auf der Geburtstagsfeier meines Onkels einen alten Film angeschaut, in dem meine Mutter und ich als Kind zu sehen waren. Eine lebendige Frau, die ihre Tochter hoch in die Luft geworfen und herzlich dabei gelacht hat. Diese Bilder haben sich in meinen Kopf gebrannt, doch ich sehe keine Verbindung mehr zu der Frau, die sie heute ist. Uns beide vereint nur eines – die tiefe Traurigkeit über das, was wir viel zu früh verloren haben.

Die Momente der Frustration werden dennoch weniger. Meine wöchentlichen Besuche finden seit Kurzem vorzugsweise am Abend statt. Mein Vater sitzt dann mit einem Glas Wein im Wohnzimmer, und ich geselle mich zu ihm. Abends habe auch ich mehr Zeit, da ich seit einigen Monaten meine Stelle als Referentin für Öffentlichkeitsarbeit in Vollzeit ausübe. Es sind mehr Aufgaben hinzugekommen, und ich bin froh, mich tagsüber in die Arbeit stürzen zu können. Doch auch der finanzielle Aspekt spielte eine große Rolle bei der Entscheidung. Ein neues Haus kostet oftmals mehr Geld, als man ursprünglich denkt. Und wir haben schwer zu kämpfen mit den Kosten, die dem Hausbau hinterherrollen. So bin ich froh über dieses Angebot meines Arbeitgebers.

Obwohl vorher für mich nicht vorstellbar, schaffe ich es jetzt tatsächlich, weniger über die Situation meiner Eltern nachzudenken. Inga hält sich an die Abmachung und ruft mich nicht ständig an. Kontakt mit den Eltern habe ich nur, wenn ich mich bewusst dazu entscheide. Ein unglaublich wichtiger Schritt für mich, der dafür sorgt, dass sich viele meiner gesundheitlichen Probleme verlieren. Herzrasen und hoher Blutdruck gehören der Vergangenheit an. Selbst die Geräusche im Ohr höre ich nicht mehr. Seit unserem Wohnungswechsel hatte ich auch keine Erkältung mehr. Es scheint so, als wäre ich auf dem richtigen Weg. Nur meine Schlafprobleme sind geblieben. Ich reagiere immer noch auf das kleinste Geräusch in meiner Umgebung. Es führt dazu, dass ich mit klopfendem Herzen aufwache und Adrenalin in mein Blut schießt. Dann liege ich für den Rest der Nacht wach. Manchmal schlafe ich nächtelang nicht richtig, was dann zu Konflikten innerhalb der Familie führt. Besonders wenn Jens Schuld daran trägt. So wie heute.

»Oh Mann! Muss das sein?«, fauche ich ihn an, als er die Schlafzimmertür öffnet und Licht macht. Ich war gerade eingeschlafen.

»Oh! Tut mir leid«, sagt er. »Ich dachte, du schläfst schon fest.«

»Damit ist es jetzt vorbei«, sage ich, greife nach meiner Decke und gehe ins Gästezimmer. Bekümmert sieht er hinter mir her.

Ich will jetzt meine Ruhe haben. Dauernd werde ich gestört, denke ich. Obwohl ich nun im Gästezimmer liege und keine Geräusche um mich herum zu hören sind, kann ich nicht mehr schlafen. Es regt mich zu sehr auf, dass ich keine Ruhe mehr in meinem Leben finde.

Die Nacht wird zur Qual. Ich wälze mich hin und her, erst gegen fünf Uhr morgens nicke ich kurz ein. Leider läutet mein Wecker um sechs Uhr erbarmungslos. Völlig gerädert schleppe ich mich ins Bad und erfrische mich mit einer kalten Dusche.

Am Frühstückstisch treffe ich Jens, der schon Kaffee gemacht hat. »Na, konntest du noch schlafen?«, fragt er mich.

»Nein. Fast gar nicht«, antworte ich. Es fällt mir schwer, meine schlechte Laune zu verbergen.

»Ich denke, es ist das Beste, wenn ich für eine Weile ganz ins Gästezimmer ziehe«, schlage ich vor.

»Ich kann das auch machen«, meint Jens.

»Nein. Ich werde dort schlafen. Vielleicht brauche ich einige Zeit, um wieder meine Ruhe zu finden«, sage ich.

Noch am gleichen Nachmittag wird das Gästezimmer in ein voll funktionsfähiges Schlafzimmer umgewandelt. Als Lena bemerkt, dass ich nicht mehr bei Jens schlafe, ist sie ganz aufgeregt.

»Mama! Heißt das, ihr trennt euch jetzt?«, fragt sie mich noch am gleichen Tag.

»Nein, überhaupt nicht.«

Ich erkläre ihr mein Schlafproblem. Dass ich bei jedem kleinen Geräusch hochschrecke und dann nicht mehr einschlafen kann.

»Ist das immer noch wegen Oma?«, will sie wissen.

Es ist zwar schon über ein Jahr her, dass wir ausgezogen sind, aber ganz sicher hat der Stress zu meinen Schlafstörungen geführt.

»Ich glaube schon. Auch wenn ich es nicht so wahrnehme, bin ich immer noch sehr gestresst und kann nicht völlig entspannen. Beim Einschlafen muss man sich aber entspannen.«

Lena ist trotz meiner Erklärung traurig über die Tatsache, dass ich jetzt im Gästezimmer wohne. Was sie nicht weiß, ist, dass ich selbst noch viel trauriger darüber bin. Die Entscheidung, abends allein ins Bett zu gehen, ohne den vertrauten Menschen neben sich zu haben, war nicht leicht. Ich vermisse Jens sehr, bin aber überzeugt, dass es der richtige Weg ist. Ganz sicher wird sich meine Angespanntheit bald lösen, und wir wohnen wieder gemeinsam in unserem Schlafzimmer.

Nach einigen Wochen werden meine Schlafprobleme tatsächlich weniger, doch die Angst vor schlaflosen Nächten steckt mir noch in den Gliedern. Jens und ich legen fest, dass wir uns nicht unter Druck setzen. Getrennte Schlafzimmer können für eine Beziehung durchaus erfrischend sein.

Trotz der positiven Veränderungen im vergangenen Jahr wächst die Traurigkeit über das, was in meinem Leben in den letzten Jahren passiert ist. Meine gesundheitlichen Probleme klingen langsam ab, doch wir haben unser ursprüngliches Zuhause aufgeben müssen. Geld, das wir dort investiert haben, ist verloren. Zu guter Letzt bleibt die Erkenntnis, dass es eigentlich auch niemanden interessiert, wie es uns bei all dem ergangen ist und immer noch ergeht.

Ich werde gefragt, wie es meinen Eltern geht, wann welcher Arzt kommt, wer welche Rezepte einlösen kann, wann der Rasen gemäht wird, oder wer die Blätter vor dem Haus aufsammelt. Aber keiner fragt mich: Wie geht es dir eigentlich, Martina? Können wir irgendwie helfen? Was können wir tun, damit es dir besser geht? Stattdessen habe ich Aufgaben zu erledigen, als wäre ich dazu verpflichtet. Als gesetzlicher Vertreter meiner Mutter muss ich den jährlichen Bericht an das Amtsgericht schreiben. Ich empfinde das als Schikane.

»Was glauben die denn alle?«, schimpfe ich eines Tages im Gespräch mit Jens. »Ich bin die Tochter, und deshalb muss ich mich um alles kümmern?«

Wie soll ich das nur machen? Meine Tochter ist mittlerweile mitten in der Pubertät und stellt höchste Anforderungen an mich. Abgesehen vom Taxiservice, den alle Mütter leisten müssen, sucht sie die tägliche Konfrontation. Unsere Gespräche enden meist damit, dass wir beide immer lauter werden. Am Ende knallt eine Tür, und wir sind stocksauer.

Genau an so einem Tag bekomme ich einen Anruf von Inga. Lena ist gerade wütend aus der Tür gestapft und läuft zum Zug.

»Hallo, wie geht es dir?«, fragt Inga. »Wann kommst du mal wieder?«

»Gar nicht«, sage ich, muss aber im nächsten Moment lachen. Eigentlich gibt es nichts zu lachen, denn es ist mein voller Ernst.

»Haha … Also, wann kommst du mal wieder? Dein Vater fragt nach dir«, sagt sie.

»Aha. Ich versuche es die nächsten Tage«, antworte ich.

Mein Vater fragt nach mir, denke ich. Und schon packt mich wieder das schlechte Gewissen, weil es zwei Wochen her ist, dass ich zu Besuch war. Immer dieses schlechte Gewissen! Obwohl ich mir eine Liste gemacht habe, warum ich kein schlechtes Gewissen haben muss. Ich habe sie in meinem Zimmer aufgehängt mit folgenden Worten:

Du brauchst kein schlechtes Gewissen zu haben, weil ...

... eine Tochter nicht zwangsläufig eine Pflegerin sein kann

... du immer nett und freundlich zu deinen Eltern bist

... du jedes Weihnachten bei ihnen ausgehalten hast, auch wenn es manchmal beschissen war

... du sie an tausend Abenden durch Gespräche glücklich gemacht hast

... du dafür sorgst, dass sie zu Hause rund um die Uhr gepflegt werden

... du ihr Haus und ihr Geld optimal verwaltest

... du ihnen die Hand hältst, wenn sie es möchten

... du immer freundlich bleibst, auch wenn der Vater übellaunig ist

Diese Liste erweitere ich stets, wenn mir noch etwas einfällt. Sie erinnert mich daran, dass ich viel leiste und mehr nicht geht. Sie hilft mir, mein schlechtes Gewissen im Zaum zu halten.

Nachdem mein Vater schon anrufen lässt, habe ich nun doch das Gefühl, dass ich dringend erwartet werde. Da meine Tochter dafür gesorgt hat, dass meine Laune auf dem Tiefpunkt ist, riskiere ich nichts, wenn ich gleich nach der Arbeit zu ihm gehe.

Am Elternhaus angekommen, finde ich meinen Vater auf der Terrasse vor. Er sitzt in der Sonne mit seiner dicken Sonnenbrille, die er für seine kranken Augen braucht.

Ein altbekanntes Gefühl, wie es nur Töchter ihren Vätern gegenüber kennen, regt sich in mir, doch ein Blick in sein Gesicht verrät, dass er keine gute Laune hat.

»Hallo, Vater«, begrüße ich ihn freundlich in der Hoffnung, dass ich mich getäuscht habe.

»Hallo. Ach, du bist es, Martina«, antwortet er. »Na endlich kommst du mal.«

»Ja, ich bin es. Wieso denn endlich? Ich bin doch gleich gekommen, als Inga angerufen hat. Was gibt es denn?«, frage ich ihn.

»Hier macht jeder, was er will«, sagt er.

»Was meinst du damit?«, frage ich zurück.

»Keiner kümmert sich um deine Mutter«, erklärt er.

Ich versuche mit bohrenden Fragen herauszufinden, was er meint. Er beschwert sich über die späte Zeit, zu der Inga morgens kommt. Darüber, dass es nichts Ordentliches zu essen gibt und dass er jetzt auch kein Bier mehr bekommt. Dabei lässt er durchklingen, dass das alles passiert, weil ich nicht rechtzeitig gekommen bin. Und um ihn kümmere sich erst recht keiner, fügt er noch an.

Natürlich kann ich nicht sicher sein, ob er mir die Wahrheit sagt, deswegen muss ich der Sache auf den Grund gehen. In der Küche lasse ich mir von Inga zeigen, was es mittags zu essen gab, und frage sie, wann sie morgens herunterkommt.

Alle Vorwürfe erweisen sich sehr schnell als haltlos. Die Lebensmittel sind vielfältig und frisch, Bier war nur am Abend zuvor keines mehr da, es wird wieder gekauft, und wie immer morgens um acht Uhr kommt Inga zu den Eltern.

Ich konfrontiere meinen Vater mit den Recherchen. Er sagt nichts dazu, sondern schaut nur mit verkniffenem

Gesicht auf den Boden. Wie ein kleiner Schuljunge, der beim Schwindeln erwischt wurde und jetzt sauer ist. Es ist offensichtlich, wozu das dienen sollte. Er konstruiert Probleme, damit ich öfter komme und er dabei im Mittelpunkt steht. Ich lasse mich aber nicht mehr darauf ein, denn das Spiel ist mir bestens bekannt. Wie oft habe ich mich von seinen Geschichten verrückt machen lassen. Nicht nur ich bin in der Vergangenheit darauf hereingefallen. Nahezu alle haben anfangs nicht bemerkt, dass nicht immer alles stimmt, was mein Vater erzählt. Es ist kaum möglich zu unterscheiden, wann er die Wahrheit sagt und wann es schlichtweg geschwindelt ist, was er behauptet. Fraglich, ob er selbst es noch auseinanderhalten kann.

»Weißt du, Vater, wenn du immer solch haltlose Anschuldigungen machst, hebt das nicht die Stimmung«, sage ich.

»Meinst du?«, gibt er zurück. Grimmig schaut er mich an. Er ist beleidigt und will nicht mehr mit mir reden. Unser Gespräch führt zu nichts, deswegen erhebe ich mich.

»Servus. Ich geh jetzt«, verabschiede ich ihn und rausche davon.

Ich habe mich geirrt in der Annahme, dass meine Stimmung an diesem Tag nicht mehr schlechter werden kann. Sie kann sehr wohl noch schlechter werden. Denn vorher war ich nur wütend wegen meiner Tochter. Jetzt aber bin ich zusätzlich maßlos enttäuscht von meinem Vater.

Es nimmt einfach kein Ende.

Ich bin so müde und wünsche mir, endlich all das hinter mir lassen zu können. Wie schön muss es sein, irgendwann nur noch für sich selbst und die eigene kleine Familie verantwortlich zu sein.

Kapitel 7

2010

Mutter, bitte stirb endlich!

Kaum zu glauben, aber wir wohnen schon über zwei Jahre in unserem Haus. Woche für Woche und Monat für Monat wiederholen sich die gleichen Szenarien bei meinen Eltern. Meine Mutter erinnert immer mehr an eine leere Hülle als an den Menschen, der sie einmal war. Ich frage mich ständig, was sie am Leben erhält. Aber ihr Herz ist stark und schlägt weiter und weiter. Immer wieder hat sie schlechte Tage, dann ist ihr Blutdruck extrem hoch und wir denken, es ginge mit ihr zu Ende. Doch jedes Mal berappelt sie sich wieder. Es ist wie eine Berg- und Talfahrt mit hoher Geschwindigkeit, und ich sehne mich nach einem Ende.

Es ist Samstagmorgen neun Uhr, und das Telefon klingelt. Mein Herz bleibt für eine Sekunde stehen. Ich laufe los in der Gewissheit, dass Inga am Apparat ist. Zwischenzeitlich bedeutet jedes Klingeln des Telefons am Morgen Aufregung pur. Ist der Anruf wegen Mutter? Ist es jetzt endlich so weit?

»Ja, hallo!« Das ist eine eher ungewöhnliche Art, mich zu melden. Üblicherweise nenne ich meinen Namen.

»Wer ist denn da? Bist du das, Martina?«, höre ich meine Schwiegermutter.

Die Enttäuschung in meiner Stimme ist nicht zu über-hören. »Ja! Muss wohl, wenn du mich anrufst«, meckere ich zurück.

Warum um Himmels willen ruft sie so früh an? Aber ich frage nicht nach, denn es tut mir schon wieder leid, dass ich so unhöflich war. Sie kann ja nichts dafür, dass sie im falschen Moment anruft. Ich versuche eiligst, Schadensbe-grenzung zu betreiben, und frage nach ihrem Befinden. Sie ist dankenswerterweise nicht nachtragend und plaudert ein wenig mit mir.

Nach dem Telefonat besinne ich mich wieder auf mei-nen Tag und fange an, den Frühstückstisch zu decken. Der Rest der Familie liegt noch faul im Bett. Der Gedanke an meine Eltern lässt mich nicht los. Da leben sie ganz in mei-ner Nähe und quälen sich durch den Tag. Werden sie mich am Ende noch überleben? Das ewige Warten auf das Un-vermeidliche macht mich mürbe. Wann genau stirbt ein Mensch? Und wieso stirbt der eine so früh, während der andere offensichtlich nicht sterben kann, obwohl er gern möchte?

Seit Monaten warte ich schon auf die Todesnachricht meiner Mutter. Jeden Morgen beim Aufstehen schaue ich verstohlen auf das Telefon. Warum klingelt es nicht? Ist die Pflegerin schon im Schlafzimmer der Eltern gewesen?

Doch für heute ist klar, es gibt einen weiteren Tag im Le-ben meiner Mutter. Oder sterben die meisten Menschen tagsüber? Ich hänge weiter meinen Gedanken nach, wäh-rend im Hintergrund die Kaffeemaschine blubbert. Um mir nicht den Tag zu verderben, verdränge ich schnell alle dunklen Wolken über mir. Heute besuche ich die Eltern nicht. Heute soll ein fröhlicher Tag werden.

»Frühstück! Alle aufstehen!«, rufe ich durchs Haus. Der fröhliche Tag kann beginnen.

Völlig überraschend klingelt das Telefon erneut. Inga meldet sich. Schon das Hallo klingt verzweifelt. Instinktiv weiß ich plötzlich: Es ist so weit!

»Martina!«, sagt sie eindringlich. Sie betont immer besonders das R in meinem Namen. »Kommst du bitte? Deiner Mutter geht es schlecht.«

Wann ging es ihr in den letzten Jahren mal gut?, denke ich für mich.

Ich begreife es selbst nicht, aber in mir macht sich ein seltsames Gefühl breit. Empfinde ich womöglich Erleichterung? Freue ich mich etwa? Meine Sinne fahren Achterbahn mit mir. Alles bricht gleichzeitig über mich herein: Erleichterung, Angst, Trauer und Panik.

»Ja, gut! Ich komme!«, antworte ich monoton.

Alles dreht sich um mich herum. Meine Mutter macht sich auf den Weg!

»Jens! Ich muss los zu den Eltern. Mutter geht es nicht gut«, erkläre ich knapp.

Er weiß genau, jetzt wird er den Tagesablauf organisieren und mir den Rücken freihalten müssen. In den letzten Monaten bin ich oft zu den Eltern gefahren, ohne zu wissen, wie lange es dauern wird und wann ich wieder zurückkommen werde. So wird es auch heute sein. Er fragt nicht, nickt nur und drückt mir einen Kuss auf den Mund. Sein Lächeln, das er mir hinterherschickt, soll mir Mut machen.

Ich schnappe mir mein Handy und eile zum Auto. Ein paar Minuten später stehe ich in der Wohnung meiner Eltern. Schon unterwegs steigen mir immer wieder die Tränen in die Augen. Ich kämpfe wütend dagegen an, weil ich mich selbst nicht mehr verstehen kann. Verdammt! Ich habe doch darauf gewartet. Was ist nur los mit mir?

Mein Vater sitzt am Esszimmertisch und ist kaum ansprechbar. Ganz offensichtlich will er nicht sehen, was sich neben ihm abspielt. Meine Mutter liegt in ihrem Pflegebett, das seit geraumer Zeit im Wohnzimmer steht, und atmet schwer. Es ist kaum zu übersehen, dass es ihr sehr schlecht geht.

»Hallo!«, sage ich kurz.

Mein Vater reagiert kaum, sondern murmelt nur etwas, das sich wie ein Servus anhört. Er sitzt da und stiert auf den Tisch.

Ich eile ans Bett meiner Mutter, nehme ihre Hand und streichle sie. Mein Gott! Wie sie aussieht! Wie konnte es nur so weit kommen? Von ihr ist nichts mehr übrig geblieben. Der Unterkiefer ist nach hinten gefallen, ihre Augen liegen tief in den Höhlen, und der Atem rasselt hörbar.

»Was ist denn passiert?«, frage ich die Pflegerin.

»Sie hat heute hohes Fieber, und mit ihrer Lunge stimmt was nicht«, meint sie. »Wir müssen den Arzt holen.«

Kurz darauf kommen auch meine beiden Brüder, die ebenfalls angerufen wurden. Da stehen wir nun alle um das Bett unserer Mutter herum versammelt. Schnell werden wir uns einig, dass wir den Hausarzt anrufen und nicht den Notarzt. Der würde sie mit Sicherheit ins Krankenhaus bringen. Das kommt für uns nicht infrage. Darin sind wir uns einig.

Unsere Mutter soll nicht noch mehr leiden. Lange genug haben wir dabei zusehen müssen. Zu oft hat sie nach Erlösung gefragt. Fragen wie »Warum lasst ihr mich nicht sterben?«, die dann später nur noch mit ihren flehenden Blicken wiederholt werden konnten, kamen ständig. Wir konnten ihr den Wunsch nicht erfüllen, aber jetzt wollen wir ihr helfen. So rufen wir den Hausarzt an. In der Zwischenzeit äußert Inga verschiedene Vermutungen, an was die Mutter leiden könnte.

»Eins ist klar«, wage ich zu sagen. »Gibt es eine Chance für Mutter zu sterben, dann werden wir ihr den Wunsch erfüllen!«

Ich bin entschlossen, mich dafür starkzumachen. Dennoch traue ich mich nicht, es vor unserem Vater auszusprechen. Viel zu tief sitzt seine Trauer um seine Frau. Die Angst vor dem Verlust lässt ihn nicht klar denken.

»Wir warten ab, was der Arzt sagt«, kontert mein Bruder.

Innerlich balle ich die Fäuste. Ich erwidere nichts, sondern entschließe mich, erst einmal abzuwarten.

Endlich kommt der Hausarzt, mit seinem Arztkoffer in der Hand betritt er das Zimmer. Nach einer intensiven Untersuchung teilt er uns seine Diagnose mit: Lungenentzündung.

Ich sehe eine Chance für unsere Mutter und konfrontiere den Arzt mit ihrem Wunsch, endlich sterben zu dürfen.

»Wie ist der Verlauf einer Lungenentzündung? Mutter will schon lange nicht mehr leben. Können wir sie nicht in Ruhe sterben lassen?«

Während er den Puls unserer Mutter fühlt, blickt er prüfend zu uns. Sekunden später teilt er uns seinen Therapievorschlag mit: »Wir sollten ihr Antibiotika gegen die Lungenentzündung geben und Sauerstoff für das bessere Atmen.« Keine Antwort auf meine Frage.

Ich hole tief Luft und entgegne fest entschlossen: »Sie kennen doch unsere Mutter seit Jahren. Halten Sie eine Therapie für sinnvoll? Glauben Sie, sie möchte weiterleben? Nennen Sie mir einen Grund!«

Es fehlen ihm die Argumente, er hat keine überzeugende Antwort. Aber Arzt bleibt Arzt. Er sieht sich genötigt, uns schonungslos aufzuklären.

»Ohne Therapie stirbt Ihre Mutter«, sagt er. »Wir wissen nicht, wie die Krankheit verläuft.«

Lungenentzündungen führen bei alten, kranken Menschen meist zum Tode, das weiß ich auch. Aber wieso reden wir darüber, als läge hier ein völlig gesunder, junger Mensch? Kann er nicht unterscheiden?

»Muss sie leiden?«, will ich vom Arzt wissen.

»Na ja, wir können ihr Morphium geben, dann wird sie nicht viel mitbekommen. Die Lunge wird immer weniger funktionieren, und sie wird langsam ersticken.«

Das ist ein Albtraum!, schreit es in meinem Kopf. Ich kann meine Mutter doch nicht ersticken lassen. Nein, das geht einfach nicht!

Ich sehe meine Brüder an, die ebenfalls schockiert wirken. Vermutlich gehen ihnen die gleichen Gedanken durch den Kopf. Was tun wir hier? Sprechen wir hier vom Erstickungstod unserer Mutter? Wir müssen total verrückt sein.

»Wir werden es trotzdem so machen«, höre ich mich sagen. »Ich bleibe bei ihr bis zum Schluss.«

Habe ich überhaupt eine Ahnung, was da auf mich zukommt? Nein, sonst wäre ich bestimmt eingeknickt. Seit Jahren weiß ich, dass meine Mutter sterben will. Und bis zu diesem Moment konnte ich rein gar nichts für sie tun.

Jetzt will ich meine letzten Kräfte noch einmal mobilisieren.

Im Hintergrund steht die Pflegerin. Tränen laufen ihr über die Wangen. Es scheint fast so, als wäre sie mehr ergriffen als wir.

Wie geht das eigentlich mit dem Sterben?, frage ich mich. Laut spreche ich meinen Gedanken aus: »Was müssen wir jetzt machen?«

Die Pflegerin hat einen Tipp: »Hier gibt es eine ambulante Sterbebegleitung. Warum fragst du nicht, ob man euch hilft?«

Sie gibt mir eine Nummer, mit der ich zum Telefon eile. »Hallo, wir bräuchten Ihre Hilfe«, beginne ich das Gespräch.

Wie sagt man das jetzt? Meine Mutter möchte sterben. Nein, das stimmt ja so nicht. Wir konnten sie ja nicht fragen. Oder vielleicht so: Wir lassen gerade meine Mutter sterben. Unmöglich, wie das klingt. Himmel noch mal, wie soll ich nur anfangen?

Doch die Frau am Telefon macht es mir leicht. »Wir besprechen das in aller Ruhe«, gibt sie zurück. »Ich komme zu Ihnen. Wann ist es recht?«

»So bald wie möglich. Wir warten hier auf Sie«, antworte ich. Mir fällt ein Stein vom Herzen.

Zwei Stunden später sitzt die Mitarbeiterin des Hospizvereins, es ist eine Ordensschwester, bei uns im Wohnzimmer. Sehr ruhig bespricht sie mit uns den Sterbeprozess. Wir erfahren, was wir noch für unsere Mutter tun können. Beispielsweise den Mund mit speziellen Stäbchen auswischen. Zu essen bekommt sie nichts mehr, aber wir sollen Lippen und Mund mit Wasser befeuchten. Immer wieder dringen die rasselnden Atemgeräusche unserer Mutter zu uns.

»Sie braucht dringend ein Sauerstoffgerät«, empfiehlt die Schwester. »Das erleichtert ihr das Atmen.«

Wieder eile ich zum Telefon und rufe die ambulante Krankenpflege im Nachbarort an. Ja, sie haben ein Gerät, und ja, ich kann es gleich holen. Gott sei Dank!

Bevor die Schwester geht, frage ich sie noch: »Wie lange wird es denn dauern?«

Sie will sich nicht festlegen. »Das kann einige Tage gehen. Wann der Tod kommt, weiß niemand genau. Ich komme morgen früh wieder.«

Unser Vater nimmt an dem Gespräch nicht teil. Er will nicht über das Sterben reden. Wie schon all die Jahre zuvor akzeptiert er nicht, was gerade geschieht. Eigentlich akzeptiert er die ganze Krankheit nicht, und es sieht so aus, als ob er es Mutter persönlich übel nimmt, dass sie nun auch noch vor ihm sterben wird.

Nachdem die Schwester gegangen ist, setzen wir uns in Bewegung und organisieren die notwendigen Dinge. Spät am Abend fahre ich in den nächstgrößeren Ort, um die Morphiumpflaster zu besorgen. Immer wieder muss ich meine Augen auswischen, um überhaupt etwas sehen zu können. Und immer wieder füllen sie sich mit Tränen, als ob mich all die Jahre die hinter mir liegen, mit einer unendlichen Traurigkeit einholen würden.

Das Gespräch mit dem Apotheker lenkt mich ab, was die Rückfahrt weniger dramatisch macht. Nachdem ich die Medikamente zu meinen Eltern gebracht habe, fahre ich nach Hause. Nach den vielen Stunden bin ich total erschöpft. Ich sehne mich nach meiner Familie und nach meinem Bett. Inga will in dieser Nacht bei meiner Mutter bleiben.

Doch gleich am nächsten Morgen fahre ich wieder zu meinen Eltern. Inga steht schon an der Tür und erzählt im Flüsterton: »Die ganze Nacht ist dein Vater umhergeirrt. Er ist so unruhig. Raus auf den Flur, rein in die Toilette, dann wieder zur Mutter ans Bett. Es war furchtbar.«

Sie hat dunkle Ringe unter den Augen – kein Wunder nach der anstrengenden Nacht. Offenbar muss nicht nur unsere Mutter betreut werden, ihr Mann entwickelt sich zum größeren Problem.

Ich dränge mich an der Pflegerin vorbei ins Wohnzimmer. Mein Vater sitzt völlig in sich zusammengesunken in seinem Sessel und weint. Mir ist nicht klar, inwiefern er das Sterben von Mutter realisiert. Ich setze mich zu ihm.

»Vater, du weißt, dass die Mutti schwer krank ist.«

Er nickt und starrt auf den Boden.

»Sie will sterben. Das weißt du auch, oder?«, presse ich hervor.

Dieses Mal nickt er nicht. Bewegungslos sitzt er da.

Ich nehme einen neuen Anlauf. »Wir müssen ihr helfen. Findest du nicht, dass wir ihr das schuldig sind?«

Ich dringe zu ihm durch. Für eine Sekunde sieht er mich an und nickt. Aber schon im nächsten Moment starrt er wieder auf den Boden. Mir langt dieser Augenblick jedoch. Ich weiß, dass ich meinen Vater kurz erreicht habe.

Sekunden später murmelt er: »Wenn ich sterbe, interessiert das ja keinen.«

Aber ich höre ihm schon nicht mehr zu. Diese Momente gehören meiner Mutter. Es sind die letzten, die wir gemeinsam haben werden. So sitze ich bei ihr am Bett, doch auch bei meinem Vater am Tisch. Er weint viel und setzt sich immer wieder erneut in Szene. Ob er das absichtlich macht oder einfach nur völlig erschöpft ist, werde ich nie erfahren.

Die vergangenen Aktionen, mit denen er ganz offensichtlich versuchte, Aufmerksamkeit auf sich zu lenken, lassen vermuten, dass er hier das Gleiche bezweckt. Beim Essen rutscht er vom Stuhl, das Glas kann er nicht mehr zum Mund führen. All die netten Worte, die ich an ihn richte, kommen nicht an. Er hört sie gar nicht.

Auf mir lastet ein riesengroßer Druck. Ich habe darauf gedrungen, meine Mutter sterben zu lassen! Und sie tut sich nicht leicht mit dem Sterben. Sie liegt in ihrem Bett, und ihr rasselnder Atem wird stündlich lauter.

Irgendwann gehe ich nach Hause, am selben Abend fahre ich jedoch noch einmal bei ihr vorbei. Ich rechne fest damit, dass sie nicht bis zum Morgen überlebt. Einer meiner Brüder übernimmt die Wache. Ich wünsche ihm noch eine einigermaßen ruhige Nacht und gehe nach Hause.

Als am nächsten Morgen das Telefon gegen zehn Uhr klingelt, fällt mir fast die Kaffeetasse aus der Hand. Jens und ich sehen uns schweigend an. Wir sind sicher, dass uns nun die Todesnachricht vermittelt wird.

»Mutter geht es etwas besser«, teilt mir mein Bruder mit. »Die Schwester meint, wir könnten ihr jetzt doch wieder etwas zu trinken geben. Vielleicht ist sie noch nicht so weit.«

Jetzt bin ich völlig aus dem Häuschen. Soll denn alles wieder von vorn beginnen? Sie stirbt gar nicht? Fast hysterisch renne ich zu meinem Auto und fahre sogleich in mein Elternhaus.

»Spinnen jetzt alle?«, herrsche ich meinen Bruder an.

»Wir sind doch hier nicht im Wunschkonzert. Sterben, nicht sterben ...«

Ich bin dieser Belastung nicht mehr gewachsen. Wie kann man so mit uns umgehen? Unsere Mutter wartet schon seit fünf langen Jahren darauf, endlich zu sterben. Wieso geht es jetzt nicht? Das ist zu viel für mich.

Mein Bruder versucht mich zu beruhigen: »Wir wollen jetzt erst mal sehen, wie sich die Dinge im Laufe des Tages entwickeln.«

Aber für mich steht fest: Den Weg, den wir eingeschlagen haben, gebe ich nicht auf. Nicht nach all diesen langen, elendigen Jahren für meine Mutter. Sie hat ein Recht darauf zu sterben!

Wild entschlossen versuche ich, meine Brüder von meiner Meinung zu überzeugen. »Wir können doch nicht wieder anfangen, sie aufzupäppeln. Das macht doch alles keinen Sinn mehr! Und dann nächste Woche? Nächste Woche gehen wir wieder zum Sterben über oder was?«

Meine Worte klingen hart. Das ist mir in dem Moment durchaus bewusst. Dennoch sagt mir mein gesunder Menschenverstand, dass hier etwas vollkommen schiefläuft. Warum die Schwester von der ambulanten Sterbebegleitung plötzlich das Gefühl hat, dass unsere Mutter sich wieder erholen könnte, ist nicht nachvollziehbar. Es gibt für sie doch keine Perspektive mehr! Anscheinend ist der Hospizmitarbeiterin dies nicht klar.

Am selben Abend kommt sie erneut vorbei und meint, es sei wohl nur ein kurzes Aufflammen gewesen, denn nun sehe alles wieder ganz anders aus. Ihrer Meinung nach sei der Sterbeprozess im Gange, und es werde nicht mehr lange dauern.

Die letzte Nacht

Wenn ich früher über das Sterben nachgedacht habe, dann war ich sicher, man macht die Augen zu und schläft ein. Ab und zu hörte man von Menschen, die im Krankenhaus lagen, und noch eine Zeit lang um ihr Leben gekämpft haben. Das ist jedoch nichts im Vergleich zum Sterbeprozess meiner Mutter. Der eigentliche Prozess des Sterbens begann bei ihr schon vor vielen Jahren. Sie hat einfach alles verloren, was ihre Persönlichkeit ausmachte. Jetzt liegt nur noch ihre Hülle da, ausgelaugt und ohne Kraft.

Seit drei Tagen quält sich meine Mutter schon, sie ringt mit dem Tod. Die Nerven liegen blank. Mein Vater ist kaum mehr zu ertragen – seine depressiven Schübe wechseln sich mit aggressiven ab. Heute bin ich an der Reihe zu wachen. Am Abend packe ich meine Decke, mein Notebook und etwas zu lesen ein. Ich bin mir sicher, es wird eine lange Nacht. Ich gehe noch zu Lena und drücke ihr einen Gutenachtkuss auf die Wange.

»Schlaf gut, meine Süße!«, sage ich.

»Mama, muss Oma heute sterben?«, fragt sie.

»Ich weiß es nicht«, antworte ich ehrlich. »Vielleicht ... oder besser gesagt, ich hoffe es!«

»Du bist gemein!«, schimpft meine Tochter. »Wenn du mal so alt bist, wirst du sehen, wie das ist.«

Wie oft ich ihr schon erklärt habe, dass ihre Oma nicht mehr leben will! Sie hatte ihr Leben, das nicht das schlechteste war. Aber jetzt ist es Zeit für sie zu gehen.

Lena will ihre Großmutter nicht hergeben. Für mich ist es erstaunlich, wie viel sie ihr bedeutet, obwohl sie seit

Jahren kaum mit ihr sprechen konnte. Noch einmal versuche ich, meiner Tochter klarzumachen, dass es schon lange der ausdrückliche Wunsch ihrer Oma ist zu sterben. Irgendwann sieht sie ein, dass es tatsächlich besser ist. Erst am Nachmittag hat sie meine Mutter besucht und selbst gesehen, wie schlecht es ihr geht.

Die Pflegerin erwartet mich schon, denn sie ist müde vom Tag und will nach Hause. Mein Vater liegt im Bett. Angeblich hat er eine Schlaftablette bekommen, damit er eine ruhige Nacht hat.

Mein Lager baue ich im Wohnzimmer neben dem Bett meiner Mutter auf. Einige Zeit bleibe ich bei ihr sitzen, streichle ihre Hand, dann nehme ich mein Notebook und hocke mich auf die Couch. Doch ich kann mich nicht konzentrieren. Nicht weit von mir liegt meine Mutter im Sterben. Ich höre ihren rasselnden Atem. Ihr Stöhnen wird immer lauter. Jeder Atemzug ist begleitet von einem schweren Ächzen. Nach zwei Stunden bin ich nass geschwitzt. Immer wieder stehe ich auf, wechsle zwischen dem Sessel an ihrem Bett und dem Platz auf der Couch hin und her.

So habe ich mir das nicht vorgestellt. Bis auf das Ächzen meiner Mutter ist es gespenstisch still im Haus. Im Zimmer brennt nur eine kleine Lampe, denn meine Mutter soll sich nicht gestört fühlen. Bilder vom Brandner Kaspar, der mit dem Tod Karten spielt, tauchen vor mir auf. Als kleines Mädchen habe ich diesen Film oft mit meiner Mutter angesehen. Uns gefiel die Szene, in der der Brandner Kaspar den Tod betrügt, am besten. Doch meine Mutter würde mit dem Tod jetzt nicht feilschen, da bin ich mir ziemlich sicher. Der Gedanke ist für einen kurzen Augenblick tröstlich.

Immer wieder spreche ich mit ihr oder wische ihr das

Gesicht mit einem trockenen Tuch ab. Meine Mutter hatte schon immer ein starkes Herz. In diesen Tagen ist das kein Segen für sie. Warum tut sie sich nur so schwer mit dem Sterben?, frage ich mich.

Plötzlich lässt mich ein Geräusch aufschrecken. Ich fahre aus dem Sessel hoch, drehe mich um und sehe schemenhaft eine Gestalt auf dem Boden. Fast hätte ich einen Schrei ausgestoßen, schlage aber reflexartig die Hand vor den Mund.

Es ist mein Vater.

»Was machst du?«, frage ich.

Er antwortet nicht. Verwirrt kriecht er in Richtung Bad. Ich gehe zu ihm.

»Vater, ich helfe dir jetzt aufzustehen, ja?«

Er sieht mich mit weit aufgerissenen Augen an. »Komm, bitte! Geh wieder ins Bett«, flehe ich ihn an.

Mühevoll versuche ich, ihn wieder in sein Bett zu bringen. Ich zerre unbeholfen an ihm. Einen Mann hochzuheben, der nicht mithelfen kann, ist für eine ungeschulte Person nahezu unmöglich. Aber da ich völlig allein im Haus bin, auch Inga ist nicht da, müssen wir es schaffen. Es dauert fast zwanzig Minuten, bis es mir gelingt, ihm zurück ins Bett zu helfen. Was er vorhatte, bekomme ich nicht heraus. Es scheint, als ob er gar nicht richtig wach gewesen wäre. Ich gehe aus seinem Schlafzimmer und schließe fest die Tür. Am liebsten hätte ich sie abgesperrt, so gruselig empfinde ich die Situation.

Kaum bin ich wieder bei meiner Mutter, wird ihr Stöhnen lauter. Es ist zwei Uhr nachts, und ich habe noch keine Sekunde geschlafen. Spätestens jetzt ist mir klar, dass ich auch den Rest der Nacht nicht mehr schlafen werde.

Meiner Mutter geht es offensichtlich schlechter. Ihr Atmen ist schwerer geworden. Es hört sich so an, als ob sie keine Luft mehr bekäme. Leidet sie? Wer kann mir das beantworten? Ich bin mir nicht sicher, denke aber, dass ich nicht viel falsch machen kann. Die Packung mit dem Morphiumpflaster liegt auf dem Nachttisch, den Beipackzettel zu lesen macht keinen Sinn. So treffe ich die Entscheidung, ihr ein weiteres Pflaster auf die Haut zu kleben.

Erschöpfung, Enttäuschung und Trauer ergreifen im Übermaß Besitz von mir. Weinend sitze ich neben meiner Mutter und bitte sie um Verzeihung. Irgendwie habe ich plötzlich das Gefühl, sie hat es mir zu verdanken, dass sie so einen schweren Tod hat. Es ist mir nicht gelungen, sie würdevoll sterben zu lassen.

Doch was hätte ich tun können, um sie vor diesem schweren Weg zu bewahren? Hätte ich dem Arzt mehr zusetzen sollen, damit er ihr hilft, den unvermeidlichen Weg etwas zu verkürzen? Hätte ich etwas erreichen können? Oder dürfen Ärzte keine Meinung zum Tod haben?

Tränen laufen mir in Strömen über die Wangen, und ich frage mich: Warum nur können wir den Menschen das Sterben nicht erleichtern? Meinen Hund Sugar durfte ich von seinem Leid erlösen, meiner Mutter darf ich nicht helfen.

Noch vor ein paar Tagen war ich zu allem entschlossen, doch jetzt verlässt mich die Stärke. Es ist Nacht, ich sitze neben einem sterbenden Menschen, neben meiner Mutter. Und ich fühle mich so verdammt allein.

Mein Vater leidet ein Zimmer weiter auf seine Weise. Einmal mehr denke ich darüber nach, was das für einen Sinn macht. Und irgendwann gelingt es mir, wieder die Verbindung zu meiner Mutter herzustellen. Hier liegt nicht irgendein Mensch, nein, hier liegt meine Mutter. In all den vergangenen Jahren ist das Bewusstsein dafür verloren gegangen. Durch die Grausamkeit der Krankheit, die ihr die Persönlichkeit genommen hat, habe ich den Kontakt zu ihr verloren.

Plötzlich erinnere ich mich an die Gespräche mit ihr über das Sterben und über den Tod viele Jahre zuvor. Als Kind war ich fest überzeugt, dass meine Eltern unsterblich sind. Immer wenn ich mit meiner Mutter darüber sprach, entsetzte mich der Gedanke, dass sie irgendwann mal nicht mehr da sein könnten, und jetzt wünsche ich mir ihren Tod.

Während mir all diese Dinge durch den Kopf geistern, fällt mir auf, dass meine Mutter ruhiger atmet. Gut so! Ich spüre Erleichterung, denn ich bin so erschöpft. Vielleicht kann ich ja doch noch ein wenig schlafen.

So lege ich mich auf die Couch, fest in meine Decke eingewickelt und schließe für einen kurzen Moment die Augen. Gleich darauf lässt mich ein lauter Knall hochschnellen. Das Geräusch kommt aus dem Schlafzimmer meines Vaters. Ich laufe nach nebenan, um zu sehen, was passiert ist. Mein Vater liegt vor seinem Bett und sucht etwas. Seine Hände gleiten ziellos über den Fußboden.

»Meine Güte, Vater!«, fahre ich ihn an, »was machst du denn da? Suchst du etwas?«

Er antwortet nicht. Ich gehe zu ihm und berühre seine Schulter. »Hallo! Hörst du mich?«, rufe ich und schüttle ihn leicht.

Er sieht mich mit einem verständnislosen Blick an. So, als ob ich ihn etwas Unerhörtes gefragt hätte. »Vater, bitte geh wieder ins Bett!«, flehe ich ihn an.

Langsam habe ich das Gefühl, kurz vor einem Nerven-zusammenbruch zu stehen. Hier der Vater, der völlig ver-wirrt durch die Gegend kriecht, und dort meine Mutter, die nicht sterben kann.

Es gelingt mir, ihn auf die Beine zu stellen. In der An-nahme, er müsse zur Toilette, begleite ich ihn dorthin. Aber dahin will er gar nicht, er steuert zielstrebig auf die Haustür zu. Es kostet mich viel Mühe, ihn davon abzubrin-gen, auf die Straße zu laufen. Erst als ich flehend auf ihn einrede, lenkt er ein. Mit viel Kraft und Geduld manövriere ich ihn wieder ins Bett.

Zurück bei meiner Mutter bemerke ich, dass sich ihr Zustand verschlechtert hat. Wieder setze ich mich zu ihr und halte ihre Hand, sie fühlt sich weich an. Ich bin sicher, sie bemerkt es nicht.

Nur zu gern hätte ich jetzt das Gefühl, alles richtig ge-macht zu haben. Eine gute Tochter gewesen zu sein. Aber ich fühle mich hundeelend. Ist das hier meine Schuld? Habe ich wirklich richtig entschieden? Warum ist der Tod nur so ein schreckliches Tabuthema, wenn das Leben mei-ner Mutter in den letzten Jahren doch so viel schrecklicher gewesen ist?

Das Stöhnen und Keuchen meiner Mutter wird immer lauter. Ich halte ihre Hand. Oder halte ich mich daran fest? Irgendwann sage ich ganz leise, dann immer lauter: »Stirb jetzt endlich, Mutti! Bitte, stirb jetzt. Du kannst jetzt ge-hen. Geh! Bitte geh.« Immer wieder und immer wieder sage ich das. Dabei wische ich ihr die Stirn ab und halte ihre Hand.

Dann plötzlich, um sechs Uhr morgens, hört sie auf zu atmen. Einen Augenblick später stöhnt sie noch einmal laut auf, und für eine Sekunde steht die Welt für mich still. Ich halte die Luft an. Ein letzter leiser, hörbarer Hauch entweicht ihrem Körper. Es ist vorbei. Sie hat es geschafft!

Als ich wieder einatmen will, schluchze ich auf, und dann beginne ich, haltlos zu weinen. Ich kann nicht mehr aufhören. Ich weine um sie und um mich und um all die sinnlosen, grausamen Jahre, die nun endlich hinter uns liegen.

Epilog

Die Wochen nach dem Tod meiner Mutter sind für meinen Vater eine Qual. Er ist fest entschlossen, ebenfalls zu sterben. Doch Inga mit ihrer fürsorglichen Art kann ihn aus seiner tiefen Depression reißen. Wir Kinder besuchen ihn regelmäßig und versuchen unser Bestes. Nach drei Monaten erholt er sich langsam und beginnt, wieder etwas am Leben teilzunehmen.

Doch seine Persönlichkeit ist gespaltener denn je. Er lebt in seiner eigenen Welt. Immer wieder äußert er den Verdacht, dass seine Frau vergiftet wurde. Dann wieder weint er bitterlich um sie.

Letztendlich gelingt es mir, noch einen Weg zu ihm zu finden. Sein ganzes Leben hat er mit mir ausschließlich über meine Mutter kommuniziert. Seit sie nicht mehr da ist, unterhalten wir uns plötzlich über Gott und die Welt. So habe ich noch viele Abende, an denen ich einen engen Kontakt zu meinem Vater herstellen kann.

Neun Monate nach dem Tod meiner Mutter stirbt auch er.

Tagelang muss ich um ihn weinen, der Schmerz des Verlustes ist immer noch da. Und doch: Heute fühle ich mich befreit.

Nachwort der Taschenbuchausgabe

Wie haben die Menschen auf das Buch, insbesondere auf den Titel, reagiert? Das war eine der häufigsten Fragen, die ich 2013 gehört habe. Die Antwort darauf: Überraschend positiv!

Als die Entscheidung fiel, dieses Buch zu schreiben, wusste ich nicht, was mich erwarten würde. Gemeinsam mit meiner Familie hatte ich entschieden, dass ich es trotzdem wagen sollte.

Als im Dezember 2012 die gebundene Ausgabe erschien, rechnete ich mit den schlimmsten Mails, Briefen und Berichten. Hatte ich es doch gewagt, ein Thema anzusprechen, das die meisten Menschen lieber nicht in der Öffentlichkeit haben wollten. Zumindest dachte ich das.

Aber ich kann an dieser Stelle verraten, dass mich die dann folgenden Reaktionen mehr als überraschten. Es kamen Menschen auf mich zu, die ich nur flüchtig kannte oder schon länger nicht mehr gesehen hatte, und gratulierten mir zu diesem ehrlichen Buch. »Endlich ist es mal ausgesprochen worden«, hörte ich sehr oft. Es ist mir gelungen, die Menschen zu erreichen. Aber eines ist klar: Ich habe »Mutter, wann stirbst du endlich?« mit aller Offenheit geschrieben, weil ich es schreiben musste. Aber sicher habe ich mir dabei nicht alle Konsequenzen bis ins Letzte überlegt. Womöglich hätte ich sonst noch kalte Füße bekommen.

Überrascht war ich auch über die positiven Reaktionen der Medienvertreter. In den ersten drei Monaten nach Erscheinen des Buches verging fast keine Woche ohne Interviewanfragen. Die meisten Journalisten, mit denen ich sprach, waren in irgendeiner Weise selbst betroffen und konnten meine Zeilen sehr gut nachvollziehen. All die Menschen, mit denen ich telefonierte oder die ich persönlich traf, sprachen mir Mut zu und motivierten mich weiterzumachen.

Bis heute habe ich über 200 Leserbriefe erhalten. Viele der Absender haben darin ihre eigene Geschichte erzählt, die mir oft den Hals zugeschnürt hat. Frauen, die ihre Angehörigen bis zur Erschöpfung pflegten und sich selbst dabei aufgegeben haben. Frauen, die von ihren Männern verlassen wurden und die durch die Pflege völlig mittellos geworden sind. Eine von ihnen schrieb mir: »Ich bin jetzt Mitte fünfzig, ohne Job und ohne Familie. Meine Eltern sind zwar jetzt tot, aber was ist mir geblieben?«

Das sind Schicksale, die mir unter die Haut gingen. Aber sie gaben mir auch die Kraft weiterzumachen mit einem Thema, das nicht länger schöngeredet werden soll. Es muss klar sein, dass die Pflege durch die Töchter kein Automatismus sein kann.

Vielleicht haben Sie es auch bemerkt: Das Thema pflegende Angehörige ist mehr in den Fokus der Öffentlichkeit geraten. Was auch immer der Grund dafür war.

Insgesamt nahm ich an 17 Fernsehsendungen teil und stand zigmal als Interviewpartnerin für Rundfunk- und Printmedien zur Verfügung. Mein Buch wurde sogar ins

Holländische übersetzt, was mich besonders stolz gemacht hat. Denn auch dort wird die Pflege immer mehr auf den Schultern der Angehörigen gelastet.

Ich habe nicht den Anspruch, ein besonders schlimmes Schicksal erfahren zu haben. Mir ist bewusst, dass es Menschen gibt, die eine weitaus schwierigere Pflegesituation erleben oder erfahren haben. Aber tatsächlich geht es nicht um die Frage: Wem geht es noch schlechter? Vereinzelte Leserbriefe gingen in diese Richtung. Die Verfasser warfen mir vor, dass ich doch Geld zur Verfügung hatte und auf einem hohen Niveau jammern würde. Ich hätte mir Dienstleistung einkaufen können. Vielen wäre das nicht möglich.

Das stimmt. Meine Eltern waren nicht mittellos, und somit konnte (musste) ich die Pflege zu Hause organisieren.

Dazu würde ich aber zwei Dinge gerne anmerken:

1. Hätten meine Eltern kein Geld gehabt und kein Vermögen, dann wäre uns auch vieles erspart geblieben. Wir hätten die Pflege zu Hause gar nicht organisieren können, und meine Eltern hätten ins Pflegeheim wechseln müssen. Wäre das die schlechteste Lösung gewesen?
2. Und wer entscheidet denn, was schlimm, schlimmer, am schlimmsten ist? Wo genau ist die Mitte? Und mal ehrlich: Geht es darum überhaupt? Es wird immer Fälle geben, bei denen die Lebenslage noch schlimmer oder weniger schlimm ist. Aber hauptsächlich geht es doch darum, wie es den Menschen dabei geht. Wer maßt sich an zu entscheiden, welches Schicksal erträglich ist und welches nicht?

Meine Geschichte steht nur exemplarisch für die vielen Schicksale in der Pflege im Land, wie die folgende kleine Auswahl an Zuschriften zeigt.

Ich möchte an dieser Stelle all den Verfassern danken, die mir ihr Vertrauen geschenkt haben. Sie sollen wissen, dass ich mich weiter dafür einsetzen werde, dass ein Umdenken in der Gesellschaft stattfindet.

Leserzuschriften

18.12.2012

Sehr geehrte Frau Rosenberg,
bevor Ihr Buch erhältlich ist, weiß ich schon jetzt, dass es mein Weihnachtsgeschenk sein wird an all die meiner Generation (Jahrgang 55), die in meinem Umfeld in einer ähnlichen Situation sind, wie Sie es auch waren.

Auch wenn ich mir manche Freunde und Bekannte allein durch den Titel verschrecken könnte, stößt es unter uns hoffentlich eine Diskussion über die eigene Scham an, die auch ich kenne. Verbunden mit protestantischen oder katholischen Erziehungsmustern (plus kriegstraumatisierten) in unserer Kindheit ist es noch mal schwerer, dieser Thematik zu begegnen.

Aus den TRÜMMERFRAUEN, die ihre bis zu 5 Kinder erzogen haben und dafür heute, wenn überhaupt, nur eine 2-stellige Rente beziehen dürfen, sind Mütter berufstätiger Frauen geworden, die wiederum heute ihre Eltern im Pflegefall versorgen.

Ich danke Ihnen für Ihren autobiografischen Kraftakt und bin beeindruckt von Ihrem Mut, das zu tun!

Soll dieses Buch dazu beitragen, dass sich die Verhältnisse ändern könnten, finanziell, bürokratisch, politisch wie im Besonderen ethisch...

Ich selbst bin noch mittendrin im »Auftrag pflegende Tochter«, bin auch kämpferisch unterwegs, und trotzdem macht Ihr Buch mir zusätzlich Mut, das alles noch besser zu überstehen. Die Sache mit dem Humor ist wesentlich, nicht immer gelingt es!

Ich grüße Sie unbekannter Weise und wünsche Ihnen und Ihrer Familie eine schöne Weihnachtszeit!

Friederike Zumach

3.1.2013

Sehr geehrte Frau Rosenberg,
über die Medien auf Ihr Buch aufmerksam geworden, habe ich sofort zugeschlagen und das Buch gekauft. Innerhalb weniger Stunden hatte ich es durchgelesen und war teilweise absolut gerührt und aber auch verdutzt, da ich die gesamte Situation fast eins zu eins nachvollziehen kann und aus eigener Erfahrung kenne. Ich selbst bin erst 23, lebte bis zu meinem 17. Lj. bei meinen Eltern, und seit mind. 15 Jahren ist meine Großmutter aufgrund diverser Erkrankungen pflegebedürftig (Pflegestufe III). Meine Mutter pflegt sie auch seitdem. Die Reaktionen meines Großvaters sind haargenau die gleichen, wie Sie es auch in Ihrem Buch wiedergegeben haben. Die Frage »Wann darf die Hülle endlich auch gehen?« steht auch bei meinen Eltern schon seit Jahren im Raume, da auch mein Groß-

vater vor 1 Jahr rapide an Demenz erkrankte und heute ebenfalls bettlägerig ist (somit 2 Pflegefälle zu Hause, beide Pflegestufe III). Meine Mutter hat ebenfalls 2 Haushälterinnen (ebenfalls beide aus Polen, ebenfalls beide im Wechsel von 8 Wochen) sowie den Sozialdienst angestellt, um die Pflege zu erleichtern.

Alles in allem wollte ich Ihnen nur mitteilen, dass ich es absolut fantastisch finde, dass endlich jemand ein Buch herausbringt mit genau diesem Titel (der sicherlich in vielen Familien, in denen die Großeltern zu Hause gepflegt werden, als Frage im Raum steht) und damit auch ein gesellschaftliches Tabu, nämlich über so was zu reden oder gar daran zu denken, in gewisser Weise bricht.

Ich danke Ihnen vielmals.

Mit freundlichen Grüßen aus Düsseldorf

David Seubert

10.1.2013

Sehr geehrte Frau Rosenberg,
ich habe vorgestern Ihr Buch erworben und es heute Morgen zu Ende gelesen. Ich kann nur sagen: DANKE, DANKE, DANKE, dass Sie diese unerträgliche Situation niedergeschrieben haben, die sich keiner vorstellen kann, der nicht in dieser steckt. Auch ich habe in dem gleichen Zeitraum fast das Gleiche durchgemacht.

Ein Jahr nach dem Tod meines Vaters wurde bei meiner Mutter die Demenz festgestellt, jedoch hatte ich sofort nach dem Tode meines Vaters über die Pflege mit ihr gesprochen. Damals sagte sie mir, dass sie in ein Pflegeheim gehe, wenn es nicht mehr zu Hause geht. Vor diesem

Schritt stehen wir nun, allerdings weiß sie natürlich nichts mehr von diesem Gespräch.

Ich hoffe, dass viele dieses Buch kaufen und lesen werden. Sollte ich wieder auf Menschen in meiner Umgebung stoßen, die mit Unverständnis reagieren, werde ich ihnen Ihr Buch empfehlen. Vielleicht können sie dann den pflegenden bzw. betreuenden Menschen etwas besser wahrnehmen/verstehen. Allerdings ist es für viele Menschen ein Thema, mit dem man sich nicht beschäftigen möchte.

In unserem Pflegesystem muss sich grundlegend etwas ändern. Meiner Meinung nach müssen auch Pflegeheime noch mehr unterstützt werden, um die Versorgung von Demenzkranken zu optimieren. Gute Pflegeheime sollten daher auch mehr Zuschüsse bekommen als schlechte.

So, und nun muss ich zum Pflegedienst, zur Tagespflege etc.

Vielen Dank für dieses Buch!

Viel Erfolg weiterhin!

Mit freundlichen Grüßen

Gudrun G.

26.1.2013

Sehr geehrte Frau Rosenberg,
ich habe heute Morgen bei SWR1 Ausschnitte aus Ihrem Interview gehört.

Meine Mutter hatte auch Alzheimer. Sie war erst Anfang sechzig und lebte alleine in einem kleinen älteren Haus. Ich wohne in der Nähe von Stuttgart, ca. 150 km entfernt, und konnte mich nicht täglich um meine Mutter kümmern.

Meine Mutter hat, so wie sie es ebenfalls sagte, am Anfang mit Sicherheit mitbekommen, dass irgendetwas mit ihr nicht in Ordnung ist. Sie sagte auch zu mir: Cornelia ich vergesse so viel. Sie merkte, dass die Leute über sie redeten.

Ich habe am Anfang auch versucht, mit Reinemachefrauen (es sind gute Freunde unserer Familie) für ein bisschen Ordnung zu sorgen, aber es ging nicht.

Ich habe sie auch versucht zu überreden, dass zweimal täglich ein Pflegedienst kommt, der ihr beim Waschen und Anziehen hilft, es war sehr schwierig, auch mit dem Pflegedienst.

Als sie dann versucht hat, den Gasofen mit Feuer anzuzünden, weil sie meinte, es ist noch ihr Kohleherd, mussten wir (es war zum Glück Sommer) das Gas abstellen. Sie wollte Blumenzwiebeln essen usw.

Ich hatte dann das große Glück, meine Mutter in meiner Nähe in einem sehr guten Pflegeheim unterzubringen. Dort wurde kurz darauf eine Demenzabteilung (Wohngruppe mit 12 Bewohnerinnen) eröffnet. Es war ein Modellprojekt von »Aktion Sorgenkind«. Ich konnte meine Mutter regelmäßig besuchen und mich um sie kümmern.

Aber meine Mutter hat dann relativ schnell ihre Sprache verloren, sie hat mich nicht mehr erkannt, nicht mehr alleine essen, inkontinent, nicht mehr laufen.

Meine Mutter starb dann an Gehirnblutung nach einem Sturz.

Als ich dann entscheiden musste, ob meine Mutter noch operiert werden soll oder nicht. Da habe ich mich für »nicht operieren« entschieden. Es war sehr schlimm, aber das Leiden meiner Mutter sollte ein Ende haben. Es klingt hart, aber es waren mindestens sechs schlimme Jahre für sie und für uns.

Ich bin auch davon überzeugt, dass meine Mutter, zumindest am Anfang ihrer Erkrankung, sehr unglücklich war. Sie hatte dann eine Zeit, in der ich der Meinung war, ihr geht es gut, und sie ist nicht mehr so unglücklich.

Den Gesichtsausdruck im letzten Lebensjahr meiner Mutter würde ich auch als »leer« bezeichnen.

Ich habe manchmal das Gefühl, dass das Thema »Demenz« in den Medien falsch dargestellt wird. Wer davon nicht betroffen wird, kann sich keine Vorstellung machen, was das alles bedeutet.

Meine größte Angst ist, ebenfalls an Alzheimer zu erkranken.

Ich hoffe, es gibt vielleicht einmal wirkungsvolle Behandlungsmethoden.

Ich hoffe, ich habe Sie mit meinen Ausführungen nicht gelangweilt, aber Sie haben mir aus der Seele gesprochen. Ich habe ja nur Ausschnitte des Interviews gehört, aber ich kann nur sagen: So war es.

Mit freundlichen Grüßen
Cornelia Nehf

7.2.2013

Sehr geehrte Frau Rosenberg,
ich habe innerhalb weniger Tage Ihr Buch »verschlungen«.

Ganz toll geschrieben. Finde meine Familie und mich darin wieder. Wir pflegen meine Schwiegermutter (anfängliche Demenz u.v.m.) und wohnen auch in einem Haus. Seit geraumer Zeit sind mein Mann und ich uns einig, dass wir eine solche Situation meiner Tochter auf keinen Fall später einmal zumuten wollen, und haben unsere Entscheidung schon getroffen.

Mit freundlichen Grüßen

C. W.

24.2.2013

Sehr geehrte Frau Rosenberg,
eben habe ich mit Tränen in den Augen Ihr Buch aus der Hand gelegt. Ich danke Ihnen herzlich dafür, dass Sie Ihre Erfahrungen aufgeschrieben haben.

An dieser Stelle möchte ich Sie nicht mit meinen eigenen Erlebnissen konfrontieren, die ich bis zum Tode meiner Mutter im Dezember 2012 durchstehen musste. Letztendlich habe auch ich bei ihrem letzten Atemzug allein am Pflegebett gesessen und ihre Hand gehalten.

Ich sehe viele Parallelen zu Ihrer Geschichte – kein Dank, wenig Verständnis, keinerlei Privatleben etc. Aber insbesondere diese ständigen Wechselbäder der Gefühle, die einerseits das anerzogene Pflichtbewusstsein und andererseits die Sehnsucht nach einem eigenen Leben beinhalten.

Oft genug habe ich mich für den Wunsch geschämt, meine Mutter möge doch endlich erlöst werden.

Sie haben diesen Wunsch in Worte gefasst und dem schlechten Gewissen den faden Beigeschmack genommen.

Nochmals meinen aufrichtigen Dank dafür!

Mit freundlichen Grüßen

Ina Müller

5.3.2013

Hallo Frau Rosenberg,

eben las ich in der heutigen Beilage des Kölner Stadt-Anzeigers das Interview mit Ihnen. Und wurde sogleich 10 Jahre zurückversetzt. Denn damals starb meine Mutter 90-jährig, stark dement und zum Schluss ein absoluter Pflegefall. Und mein Vater folgte ihr dann einige Jahre später. Er war ebenfalls stark dement und wurde 92 Jahre.

Und diese Jahre haben Spuren hinterlassen. Zum einen, weil man sich vorher nicht vorstellen kann, das einen seine eigenen Eltern einmal nicht mehr erkennen werden. Zum »Glück« ist das aber immer ein schleichender Prozess. Zuerst fallen ihnen die Namen nicht mehr direkt ein, dann gar nicht mehr, und dann verliert sich auch die Erinnerung, dass man das eigene Kind ist. Aber trotzdem spürte ich immer wieder sehr, dass da noch etwas war. Bei beiden hatte ich immer das Gefühl, sie wussten, dass ich ihnen irgendwie emotional nahestehe. Aber insbesondere bei meinem Vater fand ich es sehr schlimm, erleben zu müssen, wie sich dieser einst starke Mann und für mich zeitlebens auch Vorbild immer weiter zurückentwickelte und schließlich wie ein Kind gewickelt werden musste.

Hinzu kam bei uns noch, dass ich als jüngster von 4 Söhnen der Vorsorgebevollmächtigte meiner Eltern war und dies zu massiven Konflikten mit meinem ältesten Bruder führte. Obwohl ich alle anstehenden Entscheidungen im Konsens mit ihnen klärte und keinerlei Alleingänge machte. Der zweitälteste hielt sich aus allem Geschehen weitgehend heraus, weil er einen Konflikt ums anstehende

Erbe nicht rechtzeitig mit meinen Eltern angegangen ist. Irgendwann war es dann zu spät dafür, und ich habe ihm gesagt, er müsse sich für sein Verhalten in Grund und Boden schämen.

Schließlich haben wir es doch geschafft, beiden zu ermöglichen, im eigenen Haus zu sterben. Insbesondere unserem Vater war das sehr wichtig. Dabei halfen auch sehr stark eine meiner Schwägerinnen und meine Frau. Aber es war für alle auch eine Bürde. Insbesondere der Wunsch, zu Hause zu sterben. Für die letzten Monate fanden wir dann eine Frau, die rund um die Uhr für ihn da war. Und da ist er noch mal richtig aufgeblüht. Er lachte mit ihr und genoss ihre Nähe und Fürsorge.

Insgesamt war Vater bis zum Schluss ein sehr ruhiger Mensch. Er lief nicht weg. War nicht aggressiv, sondern einfach nur lieb. Und trotzdem war alles eine unendliche Belastung. Man erschrak schon bei jedem Telefonklingeln, weil man dachte, jetzt ist es passiert. Und ich hatte neben den Besuchen und allen Einkäufen zusätzlich noch den ganzen »Formalkram« am Hals.

Eine Begebenheit ist mir in besonderer Erinnerung geblieben. Meine Frau legte eines Tages eine CD mit alter, meinem Vater bekannter, Musik auf und fragte, ob er mit ihr tanze. Zunächst wollte er nicht, doch dann willigte er ein. Die beiden tanzten, und Vater strahlte, wie ich ihn seit Jahren nicht mehr erlebt hatte. Solche Momente gaben mir dann wieder Kraft für die nächste Zeit.

Warum schreibe ich Ihnen das alles? Weil ich den Titel Ihres Buches voll und ganz nachvollziehen kann. Denn ich habe oft genug zu unserem Gott gebetet, insbesondere meinen Vater doch sterben zu lassen. Damit er endlich seinen Frieden findet. Und dann ist er ganz friedlich in den Armen meiner Schwägerin dahingegangen.

Gut, dass Sie den Mut hatten, dem Buch diesen Titel zu geben. Doch ich glaube, wenn man es nicht selbst erlebt hat, fehlt manchem das Verständnis dafür.

Ihnen alles Gute!

Michael W. aus Pulheim-Stommeln

11.3.2013

Sehr geehrte Frau Martina Rosenberg!

Gratulation zu Ihrem Buch. Ich habe es in 4 ½ Stunden verschlungen. Ich brauche Ihnen deshalb nicht erklären, wie es mir gefallen hat. Es kam mir so vor, als würden Sie einen Teil meines Lebens beschreiben.

Meine Mama ist an Alzheimer erkrankt und ist seit September 2012 (mit 73 Jahren) in einem Pflegeheim. Ich hatte diesen Horror nur ein Jahr, und ich sagte oft, dass ich so eine Situation meinem ärgsten Feind nicht wünsche. Die Probleme mit den Behörden und vielen anderen kenne ich ebenfalls. Jeder legt dir (in der sowieso sehr schwierigen Zeit) Steine auf dem Weg. Trotzdem man Sachverwalter für alle Belange ist, darf man nichts selbstständig tun bzw. entscheiden.

Ich habe noch immer Schlafstörungen und Atembeschwerden. Leider habe ich es noch vor mir, den Abbau meiner Mama mit anzusehen.

Ich wünsche Ihnen alles Gute und ein schönes Leben.

Sie haben es verdient.

Liebe Grüße aus Österreich

Isabella Pfennigbauer

11.3.2013

Sehr geehrte Frau Rosenberg,
ich habe das Buch gesehen, habe es mir genommen und fast in einem Rutsch durchgelesen.

Meine Mutter ist 2011 verstorben, ich bin das jüngste von vier Kindern, auch einziges Mädchen und als einziges Kind im gleichen Ort wohnend. Ich habe mich in Ihrem Buch ständig wiedergefunden. Auch mir hätten die Lösungen der Politik nicht geholfen. Da ich von meinem Mann getrennt lebe, bin ich für meinen Lebensunterhalt alleine zuständig. Mein Beruf erforderte immer wieder kurzfristige Dienstreisen, und ich war einer permanenten Überstundensituation ausgesetzt. Die Lösungen der Politik hätten nur dazu geführt, dass ich beruflich stagniere.

Über die Jahre der Betreuung habe ich hintereinander chronische Krankheiten entwickelt. Zuletzt war es denn 2012 eine Krebserkrankung. Es ist bestimmt nicht meine Mutter daran schuld. Aber ich war über Jahre heillos überlastet.

Ich gratuliere und danke Ihnen dafür, dass Sie dieses Buch verfasst haben, und ganz besonders für diesen, nur vordergründig, provokanten Titel.

Mit freundlichen Grüßen
Monika Walter-Becht

6.8.2013

Habe Ihr Buch gelesen und mich an den meisten Stellen wiedergefunden.

Vorab Glückwunsch für Ihren Mut zu dem Titel. Als

meine Mutter nach einer Herz-OP einen Schlaganfall bekommen hat, war für meine Frau und für mich klar, wir werden sie in keinem Heim unterbringen, die Pflege schaffen wir. Heute, nach 11 Jahren Pflege, wäre ich mir da nicht mehr so sicher.

Ich habe mit meiner Frau – ohne Mithilfe eines Partners geht so etwas gar nicht – meine Mutter 11 Jahre gepflegt. Davon 9 Jahre bei vollkommener Bettlägerigkeit.

Da ich Jahrgang 1945 bin, hatten wir Glück, »nur« die Mutter in Pflege zu haben. Der zweite Glücksfall, meiner Mutter hatten wir direkt neben unserem Haus eine Eigentumswohnung gekauft, also kein direktes ständiges Zusammensein. Dritter Glücksfall, eine Patientenverfügung und Vorsorgevollmacht wurden frühzeitig gemacht.

Alles andere war genau wie in Ihrem Buch beschrieben: Tagesabläufe in Sekundentakt.

Ständig schlechtes Gewissen – haben wir genug gemacht?

Körperlich und physisch ständig an der Belastungsgrenze.

Pro Tag mitunter 3 Maschinen Wäsche plus Trockner.

Ständige Verfügbarkeit für Ärzte – Besucher – Pflegedienste – Krankenkassen – etc.

Obwohl meine Frau den ganzen Tag voll mit eingebunden war, wurden ihr die Zeiten nicht für die Rentenvergütung angerechnet.

Umbau der Wohnung (in der Anfangsphase) für behindertengerechtes Wohnen (Bad etc.).

Ständiger Stress mit der Krankenkasse wegen Hilfsmitteln.

Arzt hatte ständig Budgetüberschreitungen, welche er

selbst tragen musste, daher nicht mehr Verordnung der Mittel, welche aber geholfen hatten.

Für eigene persönliche Belange war keine Zeit mehr vorhanden, jüngster Sohn – zu der Zeit noch im Studium.

Ich seit 1975 freiberuflich tätig, als Mitgesellschafter einer Ladenbaufirma die gesamte Altersversorgung in diese Gesellschaft gesteckt, da ich im Alter aus der Firma meine Alterssicherung abdecken wollte.

Kurz vor dem Tod meiner Mutter hatte ich die gleichen Gedanken wie Sie, ich war nur noch ein Automat.

Nun bin ich kurz vor 69. Unser Fachwerkhaus, welches wir in 20-jähriger gemeinsamer Arbeit zu einem Schmuckstück angebaut hatten, mussten wir verkaufen, die Eigentumswohnung der Mutter ist ebenfalls verkauft.

Die Lebensversicherungen sind alle aufgelöst und aufgebraucht. Die Mitgesellschafter haben sich aus dem Staub gemacht, und die systemrelevanten Banker haben sich ihren Anteil geholt.

Da wir unseren Kindern, zumal wir nur Söhne haben, eine solche Pflegesituation nicht zumuten wollen, es aber für einen Heimplatz finanziell nicht reicht, bleibt unsere Überlegung, wie kann man sich, bevor es nicht mehr geht, aus diesem Leben verabschieden?

Das Schlimmste, was einem passieren könnte, wäre das Aufwachen in einer Intensivstation.

Wir wünschen Ihnen für die Zukunft alles Gute und bedanken uns für Ihren Mut, ein solches Thema bearbeitet zu haben.

P. J.

Danke ...

... an alle, die dazu beigetragen haben, dass ich dieses Buch schreiben konnte.

Besonders erwähnen will ich meinen Mann, der sich wieder und wieder geduldig die Einzelheiten angehört hat und nie müde war, mich zu unterstützen.

Meine Tochter, die mir Mut gemacht hat und heute trotz ihrer großen Liebe zu ihren Großeltern die Stärke hat, die Dinge aus zwei unterschiedlichen Perspektiven zu betrachten.

Danke auch an meine Freunde, die fest an mich geglaubt und mich bestärkt haben, meine Geschichte zu schreiben. Die mich durch ihre Offenheit und Ehrlichkeit inspiriert haben.

Ebenso danke ich Beatrice Beckmann und ihren Kollegen von Agence Hoffman. Sie haben mich hervorragend begleitet.

Mein Dank gilt auch den wunderbaren Lektorinnen Wiebke Rossa und Margit von Cossart, die großes Einfühlungsvermögen bewiesen haben und eine wertvolle Unterstützung für mich waren.

Zuletzt möchte ich noch den Pflegern danken, die eine bewundernswerte Arbeit geleistet haben und immer für meine Eltern da waren.

Hilfe für Angehörige

Wenn Sie als Betroffener Hilfe brauchen, überlastet sind oder einfach einige Fragen haben, scheuen Sie sich nicht, auf die entsprechenden Stellen zuzugehen. In Bayern gibt es beispielsweise seit einigen Jahren in fast jedem Landkreis eine Fachstelle für pflegende Angehörige. Dort wird man kostenfrei beraten und kann sich wertvolle Tipps holen. Aber auch in jeder anderen Stadt- und Kreisverwaltung finden Sie einen Ansprechpartner für die Belange der Senioren bzw. deren Angehörige. Zumindest kann Ihnen dort mit Adressen und Telefonnummern weitergeholfen werden.

In den meisten Regionen gibt es Gesprächskreise für pflegende Angehörige. Menschen zu treffen, die die gleichen Probleme und Gedanken haben, kann eine große Hilfe und Stütze sein. Adressen in Ihrer Gegend können Sie bei der Deutschen Alzheimer Gesellschaft erfragen (siehe rechts).

Deutschland

Bayernweit gibt es derzeit 142 **Fachstellen für pflegende Angehörige.** Eine Adresse in Ihrer Nähe finden Sie auf der Webseite des Bayerischen Ministeriums für Arbeit und Sozialordnung, Familie und Frauen.

www.stmas.bayern.de | Tel.: 0 89 / 12 61-01

Sozialverband VdK Deutschland

Mit der Kampagne »Pflege geht jeden an« will der VdK verstärkt auf die Probleme in der Pflege aufmerksam machen. Auf der eigens dazu eingerichteten Webseite findet der Besucher Informationen und Broschüren rund um die Pflege.

www.vdk.de

www.pflege-geht-jeden-an.de

Unabhängige Patientenberatung

www.patientenberatung.de

Tel.: 08 00 / 0 11 77 22

Bundesministerium für Gesundheit

Unter anderem finden Sie hier eine hilfreiche Broschüre mit Erklärung der wichtigsten Dinge für pflegende Angehörige im Downloadbereich: GP Infoblatt Nr. 3 – Unterstützung für die Pflege von Angehörigen.

www.bmg.bund.de

Bürgertelefon zur Pflegeversicherung: 0 30 / 3 40 60 66-02

Deutsche Alzheimer Gesellschaft e.V.

Information rund um die verschiedenen Demenzerkrankungen, Tipps und Adressen.

Mittlerweile gibt es ein bundesweites Netz von Selbsthilfegruppen für pflegende Angehörige von Demenzkranken. Die Kontaktadressen erhalten Sie ebenfalls bei der Deutschen Alzheimer Gesellschaft.

www.deutsche-alzheimer.de

Tel.: 0 18 03 / 17 10 17 (9 Cent/Min.) oder 0 30 / 2 59 37 95-14

Pflegeheimsuche

www.aok-pflegeheimnavigator.de

Österreich

Bundessozialamt Österreich

Informationen zu Pflege und Pflegegeld. Pflegende Angehörige erhalten Vergünstigungen, die beim Bundessozialamt beantragt werden können.

www.bundessozialamt.gv.at

Tel.: 05 99 88 (österreichweit zum Ortstarif)

Caritas Österreich

Auf der Webseite www.caritas.at unter der Rubrik »Betreuung und Pflege« gibt es eine interessante Broschüre für pflegende Angehörige in Österreich. Darin befinden sich alle Informationen, unter anderem zur Pflegestufe, Vertretung, Patientenverfügung usw.

Online-Beratung und Diskussionsforum für pflegende Angehörige unter: www.pflegende-angehoerige.or.at

Interessengemeinschaft Pflegender Angehöriger

Die Interessengemeinschaft setzt sich österreichweit für die Anliegen von Angehörigen ein, die ihre Familienmitglieder oder andere nahestehende Personen daheim oder in stationären Einrichtungen betreuen und begleiten.

Als gemeinnütziger Verein vertritt sie die Interessen von pflegenden Angehörigen in ganz Österreich mit Sitz in Wien.

Voraussetzungen: Nutzung der Informationen im Internet

gratis; Mitgliedschaft für Einzelpersonen Euro 20,– pro Jahr.

www.ig-pflege.at

E-Mail: office@ig-pflege.at

Tel.: 01 / 5 89 00-3 28

Schweiz

Zia Info

Ein Projekt der interkantonalen Spitex-Stiftung Wien.

Zia Info vermittelt Adressen und stellt auf der Webseite hilfreiche Informationen für pflegende Angehörige zur Verfügung.

Die elektronischen Suchfunktionen von Zia Info ermöglichen pflegenden Angehörigen, Spitex-Diensten, Sozialbehörden in den Gemeinden und Spitälern usw. Zugriff auf die zentrale und neutrale Datenbank mit 4500 Adressen kompetenter und qualifizierter Beratungsstellen und Dienstleistungen aus der gesamten Deutschschweiz.

Darüber hinaus geben Fachkräfte aus Gerontologie, Pflege und Gesundheitsberatung auch telefonisch Auskunft. Sie sind erreichbar Montag bis Freitag von 16 bis 19 Uhr unter

Infotelefon: 0 41 / 6 66 73 73

Internet: www.zia-info.ch

Spitex Verband Schweiz

Die Non-Profit-Spitex betreibt flächendeckend übers ganze Land verteilt ein Netz an Stützpunkten für Hilfe und Pflege zu Hause. Die Adressen der lokalen Spitex-Organisationen sind auf der Webseite zu finden oder telefonisch zu erfragen. Spitex bedeutet spitalexterne Hilfe, Gesundheits- und Krankenpflege, das heißt Hilfe, Pflege und Beratung außerhalb des Spitals oder Heims, bei den Betroffenen zu Hause.

Internet: www.spitex.ch

Telefon: 031/3 81 22 81

Schweizerische Alzheimervereinigung

Auf der Webseite www.alz.ch sind Angebote zur Unterstützung und Entlastung für betreuende Angehörige von Menschen mit Demenz zu finden. Zusätzlich erhält man eine Reihe von kostenlosen und interessanten Infoblättern und Broschüren in der Infothek.

Es gibt auch ein Alzheimer-Telefon: 0 24/4 26 06 06. Dort werden Fragen rund um das Thema Alzheimer und Demenz beantwortet. Das Alzheimer-Telefon ist besetzt von Montag bis Freitag, jeweils von 8–12 und von 14–17 Uhr. Die Beraterinnen sprechen Deutsch, Französisch und Italienisch. Die Beratung ist auf Wunsch anonym. Auch in den Anlaufstellen der kantonalen Sektionen der Alzheimervereinigung stehen Ansprechpartner für persönliche Beratung zur Verfügung.

Schweizerisches Rotes Kreuz

Es bietet Entlastungsangebote für pflegende Angehörige. Welche Angebote in der einzelnen Region zu finden sind, kann man im Internet abrufen unter www.redcross.ch oder telefonisch erfragen beim Hauptsitz in Bern: 0 31 /3 87 71 11.